科学创业系列丛书

# OGSM让战略极简落地

1页纸+6个会议，将战略直抓到底

袁园 著

机械工业出版社
CHINA MACHINE PRESS

## 图书在版编目（CIP）数据

OGSM让战略极简落地：1页纸+6个会议，将战略直抓到底/袁园著. —北京：机械工业出版社，2023.3（2025.2重印）
（科学创业系列丛书）
ISBN 978-7-111-72701-9

Ⅰ．①O… Ⅱ．①袁… Ⅲ．①企业管理—战略管理 Ⅳ．①F272.1

中国国家版本馆CIP数据核字（2023）第048368号

机械工业出版社（北京市百万庄大街22号　邮政编码100037）
策划编辑：刘　静　　　　　　责任编辑：刘　静
责任校对：张亚楠　王　延　　责任印制：常天培
北京机工印刷厂有限公司印刷
2025年2月第1版第8次印刷
170mm×230mm・18印张・1插页・197千字
标准书号：ISBN 978-7-111-72701-9
定价：79.00元

电话服务　　　　　　　　网络服务
客服电话：010-88361066　　机　工　官　网：www.cmpbook.com
　　　　　010-88379833　　机　工　官　博：weibo.com/cmp1952
　　　　　010-68326294　　金　书　网：www.golden-book.com
**封底无防伪标均为盗版**　机工教育服务网：www.cmpedu.com

OGSM
VIABLE
STRATEGY

# 丛书序

一个国家，只有创业密度和创业质量都足够高，经济才能释放出生生不息的发展活力。

然而，创业的学费，正成为整个社会的巨大浪费。现实中，创业失败率居高不下，创业企业九死一生，每年造成数以千亿元的创业浪费，主要原因之一是缺乏行之有效的创业教育，很多人都是在凭经验、凭直觉创业。

实际上，创业是一门科学，一门由多元学科组成的应用科学。

为了探索、开发、实证和发展创业一路所需的科学创业方法论，高维学堂联合数十位"有学科理论，有实践经验"的实战导师，于2015年发起了"科学创业"的教研、教学、实践落地活动。

历时7年，历经40多门创业知识课程的研发打磨、1 000多场线下课的教学改进、15 000多位企业创始人的实践检验和反馈，"科学创业"

的创业理念获得了越来越多的企业创始人的认可，并被他们坚定地应用在企业经营中。高维学堂也成为红杉中国、钟鼎资本、天图投资、高榕资本等十多家头部基金指定的投后赋能机构。

在机械工业出版社的鼓励和支持下，各位导师和高维学堂决定将这一系列的认知成果以"科学创业系列丛书"的形式出版成书，目前已出版的图书有《科学创业》《升级定位》《极简项目管理》《科学分钱》《中小企业识人用人一本通》等。

"科学创业系列丛书"旨在将一套行之有效的科学创业方法论，传播给更多有需要的创业者和企业。其中每本书的内容既相互独立，又环环相扣，底层逻辑多有共通之处，可以不断检视、验证彼此的科学性与实用性，从而共同致力于让大家少走弯路，提高创业成功率，加速企业的成长。

林传科

高维学堂创始人

"科学创业"理论体系首席架构师

OGSM
VIABLE
STRATEGY

推荐序

# 关于战略的课程千千万，却缺了好用的那一个

很荣幸受邀为袁园老师的新书写序，特别是在这个时间点——我们刚做完"双十一"大促，正要开始集团的年度战略回顾。我一口气读完了整本书，感觉书中关于战略落地的体系化知识和工具都很实用，真是恰逢其时。

我最初就职于世界500强企业，后来加入行业竞争激烈的电商企业。从老牌跨国巨头来到新兴本土企业，相信我的亲身体会也是很多转型者的感受：方法论很重要，但要马上出结果；经验是必需的，但不会创新是肯定不行的。我常常有一种"秀才遇到兵，有理说不清"的感觉。读完这本书，我很欣喜，对袁园老师说："你做的事很伟大！理论谁都不缺，但能将理论系统化、工具化，使它落地、可执行，而且还好用，这是非常不容易的。"

关于战略的课程千千万，但缺了好用的那一个。我相信很多企业的管

理者都像我一样，在不断地寻找一个好用的工具。OGSM 恰恰是能帮助战略落地的一个非常有效的工具。而这只是我推荐本书的一个原因，另一个原因在于本书的简单、实操性强和工具化特色。

在我国，无论是初创企业，还是成熟企业，都要面临严峻的生存挑战和高强度的竞争压力。在这样的环境中，格局很重要，情怀很高尚，但再高屋建瓴的战略规划，都需要脚踏实地、落地执行。回顾我在外企亲身经历过的那些战略落地过程，好像是浑然天成的。其秘诀就是袁园老师新书中的"1 页纸 +6 个会议"，它完美贯穿了战略落地的关键环节。本书以极其简单的方式，向读者传授战略执行与落地的秘籍，让成功可传承、可复制。

本书的工具化特点让我印象深刻。在管理的过程中，我们常常会碰到这样的情况：一个下属火急火燎地跑进来，要汇报工作，可是讲了半天，我们也听不懂他到底在汇报什么。时间是最宝贵的，如此浪费很可惜。其实，如果他掌握了高效沟通的工具，这种情况是完全可以避免的。比如"黄金三讲"：第一讲目的，开门见山地讲清楚来意，是要获得审批还是要上级建议；第二讲原因，讲清楚现状和需要审批的原因；第三讲建议，讲自己提议的解决方案。结构化的表达，能迅速促成共识的达成，事半功倍。这本书提供了 70 多个高效管理工具，每一个都非常实用，每一个都值得刻意练习，每一个都值得应用到企业管理中。

无论是读这本书，还是和袁园老师交谈，都令我非常感动。她真的在非常用心地打造 OGSM 这个体系，不仅有热情、有诚意，还有总结、有实践。她总说希望带给中国的企业家、创业者、职场人士更多的价值和帮助，使他们少走弯路，少踩坑，她不只是这样说的，更是这样做的。书中的方法和内容，并不局限于对 OGSM 的介绍，更蕴含着她对管理、经营、文化建设等方面的思考。我想，能读到她这些诚意满满的经验分享，也是本书读者的幸运。

在 2023 年快要开启之时，我为袁园老师的辛勤总结即将成书而感到高兴，也感谢读者的阅读。在这个充满不确定性的环境下，我们更努力一点，未来的美好就会更确定一点。

孙格非<br>
唯品会副总裁

OGSM
VIABLE
STRATEGY

# 前　言

## 写给创业公司的
## 战略落地实操手册

近年来，在我国经济体制改革的背景下，得益于国家政策对非公有制经济的大力支持，我国企业发展迅速。国家市场监督管理总局的数据显示：2012 年至 2021 年，我国民营企业的数量翻了两番，从 1 085.7 万户增长到 4 457.5 万户，民营企业在企业总量中的占比超过九成，在稳定增长、促进创新、增加就业、改善民生等方面发挥了重要作用，成为推动经济社会发展的重要力量。[⊖]

与此同时，企业也逐步转型，从"风口＋产品"的成功模式转变为"产品＋管理"的同步精进成为企业的必经之路。在这个过程中，员工需要不断提升自身综合素质，跟上企业和社会的发展步伐。未来世界需要的不再是单一的技术型人才，而是拥有完善的知识结构、强大的逻辑思维能力和高度协作力的复合型人才。

---

⊖ 陈琳．我国民营企业占企业总量比例超过九成[EB/OL]．(2022-02-04)[2022-03-07]．https://baijiahao.baidu.com/s?id=1723809408353248882&wfr=spider&for=pc．

现在，"高知"创业已成普遍现象，创始人和管理团队大多受过高等教育，有外企或互联网背景，他们渴望被规范、科学的管理体系赋能。但体系化意味着要学习复杂的理论，进行深入的实践探索，需要投入大量的时间和精力，这是创业公司所不能承受的痛。创业的高强度，以及员工队伍的年轻化、多元化、水平参差不齐，使它们不得不追求管理技能的简化、实用。

我在创业公司做过合伙人，也和很多创业公司的创始人交流过，我发现：我在创业过程中亲身经历的挑战与他们所遇到的难题，很多都是共性问题，比如体系不完善、没有规范指引、人员水平不一、管理过程不可控等。这些共性问题制约着企业的进一步发展：随着业务越来越大，员工越来越多，效率反而越来越低下。很多创始人告诉我，他们的成功"靠的是运气"，但我听到的却是大家对缺乏体系化管理的无奈。

那么，有没有简化版的体系化管理方法和简单易用的工具，让个人和企业容易复制并成功实施呢？有的，只是还未广为人知。这就是我要写本书的重要原因之一。

我曾经在世界 500 强外企工作过 19 年，深切感受到标准化、系统化运营的强大力量，这正是我国企业需要的。我国企业尤其是创业公司不缺机会，不缺赛道，不缺资金，缺的是系统的管理章法、完善的业务体系，这导致它们在发展中经常陷入瓶颈，甚至付出过多的资源去试错、调整。但外企的管理体系太大、太"重"，我国企业很难在短时间里消化吸收。而且，我国企业处于高速发展期，所面临的状况与长期处于稳定期的老牌外企差异较大，因此，生搬硬套是不可行的。

我国企业迫切需要一套能适应现实管理要求、实操性强、落地见效的管理体系。但纵观管理类图书市场,以战略规划为主题的图书多不胜数,而关于战略执行的却少之又少,填补这一空白正是我写作本书的初心。

应高维学堂创始人林传科的邀请,我为我国创业公司量身打造了一套理论体系完整的战略落地课程,并自研自创了落地工具。作为高维学堂常驻导师、OGSM学科带头人,我服务了过千家企业、6 000多名学员,积累了丰富的实战经验和成功案例。本书正是从多次验证有效的管理咨询中淬炼而成的,是为中国企业特别是创业公司量身定制的战略落地实操手册,也是简单可复制的业务管理工具库。

在本书中,战略落地简单到可以通过"1页纸"和"6个会议"将战略直抓到底,打通战略到个人绩效。

"1页纸"是指我自研自创的战略落地工具——落地袁环,其内容可以在一页纸上完整呈现。

落地袁环由两部分组成——OGSM+动人天成,如图0-1所示。

目的　目标　策略　衡量　行动　负责人　哪天　是否完成

图 0-1　落地袁环结构图

在此,我要着重介绍OGSM这个简单有效但深藏于外企的"神器"。

OGSM源于"现代管理学之父"彼得·德鲁克(Peter F. Drucker)最有影响力的目标管理概念,由Objective(目的)、Goal(目标)、Strategy

（策略）、Measure（衡量）的英文首字母组成。它能帮助组织或个人在确立愿景之后，通过具象化目标和衡量指标将开放性的理想转化为可被理解的聚焦方向、可被执行的具体行动。令人欣喜的是，这些内容在只有一页纸的工作表上即可完整呈现，简单明了，因此，我将其称为"一页计划书"。而且，OGSM人人皆可用，任何场景皆可用。

半个世纪以来，OGSM被诸多世界顶尖企业视为战略规划和执行宝典，并被一直沿用至今。宝洁、可口可乐、欧莱雅、喜力啤酒、丰田汽车、大众汽车等老牌企业之所以能基业长青，都离不开OGSM这个秘密法宝。同时，OGSM也是这些企业的人才培养"神器"，为它们培养员工的严谨逻辑思维，提升员工的沟通协作能力立下了汗马功劳。

遗憾的是，虽然OGSM是历经业界实战淬炼的管理"神器"，一直以来却鲜为人知，在国内可查到的信息更是非常稀少。根据我的观察，之所以会出现这种情况，是因为OGSM属于企业内功心法，其传承靠的是企业内部的口口相传和练习使用，始终没有人将其归纳总结成完整的方法论。

正如台湾商周CEO学院导师张敏敏所说："一直到2014年两位曾任职于宝洁公司、后来创办荷兰商业开创家（Business Opener）顾问公司的马克·冯·艾克（Marc van Eck）及艾伦·林豪兹（Ellen Leenhouts）以《好企划一页刚刚好》（*The One Page Business Strategy*）一书将OGSM的执行及做法结集成册，这项深藏在企业的执行力神器终于问世。"⊖

而张敏敏于2020年4月在台北商业周刊出版的《OGSM打造高敏捷团

---

⊖ 张敏敏.OGSM打造高敏捷团队[M].台北：商业周刊，2020：30-31.

队》一书，是目前国内仅有的专门介绍 OGSM 的书，但这本书主要侧重于对 OGSM 使用方法的介绍，对 OGSM 是如何贯穿从企业战略制定到落地实施整个过程的体系化介绍，在整个理论界仍是空白。而这个内容，应该有！

落地袁环以 OGSM 为基础，进一步赋能使行动细化落地而成。简单的一页纸，却是让愿景化虚为实、化繁为简的"神器"。我很愿意作为 OGSM 本土化第一人，用 OGSM 贯穿整个战略落地体系，更希望为我国公司特别是创业公司提供一本实操宝典。

战略要落地，只有目标和方向的指引是不够的，还要有具体的行动计划，要对落地效果进行跟进，及时复盘调整，也要有工具方法对过程进行管控。结合我 20 年来对 OGSM 和业务运营的理解，我创立了落地袁环这个实用工具，它包括 8 环 8 字诀 "OGSM+ 动人天成"。

前面 4 环是 "OGSM"，即目的、目标、策略、衡量，主要承接上级大方向。

后面 4 环是 "动人天成"，是指行动、负责人、哪天、是否完成。这是落地的关键，是分解到个人的具体行动，有清晰的交付时间要求，由负责人实时填写明确的进度。

落地袁环的 "OGSM+ 动人天成" 8 字诀朗朗上口，非常容易记忆。只要记住 OGSM，再记住 "**行动**之**人**，**天**助其**成**"，也就记住了后半句的 "动人天成"。因为易懂、易记、易操作，基于落地袁环设计的 "落地一页纸" 在践行的公司中推行起来非常顺畅。

"6 个会议" 是将 6 个关键的业务会议模板化，建立最精简的、以战略为导向、以业务为抓手的战略落地体系。

不管你的公司现在有没有体系，都要做年度或季度规划。要分钱就要有预算，就要涉及公司各种资源的分配，包括人、钱、物等。从战略到策略聚焦点，再到执行计划，是公司最重要的业务主线。我建议借助实际的业务需求和业务场景，建立必要的业务体系，这是最省时省力的高效做法。

本书提供了以下 6 个关键的业务会议的方法、流程、工具：

- 战略解码共创会
- 全面预算启动会
- 目标评审会
- 部门预算启动会
- 目标策略通达会
- 复盘会

在阅读的过程中，你可以跟随案例梳理和填写模板，建立自己的体系框架。本书将帮助你将这 6 个不可或缺的关键业务场景串联起来，为你提供最有效的方法。

**这是为中国企业量身定制的第一套战略落地体系和第一本实操手册，其最重要的特点是简化、实战化、工具化：**

- **简化**：从战略制定到落地有无数的流程、标准、细节，但创业公司不需要宝洁、可口可乐等大型公司那样完整细致的全套体系。本体系针对我国企业最关键的共性问题，提供"小而精"的简版参考、急用知识。
- **实战化**：本体系在辅导各类企业战略落地的实战中，历经多次迭代淬炼，有效性已得到验证。我们已经赋能了大大小小的企业搭建从战略制定到落地的业务体系，涉及电商、零售、餐饮、医药、航天航空、光电芯片、人工智能、教育及互联网等行业。

- **工具化**：本书提供了70多个实用工具模板，企业管理者可以现学现用，输出自己的初稿，甚至直接套用。边看书边练习，更容易从知识学习过渡到技能掌握。

基于OGSM和落地袁环的简单易用以及这套战略落地体系对中国企业的实用性，本书极其符合目标读者高知群体的"体系化+容易落地"的学习需求。

## 本书目标读者

- 中国企业特别是创业公司的管理人员（既适合中小企业，也适合集团企业）。
- 广大的职场人士：希望了解企业战略落地体系，或想提升本职岗位工作效率，或想了解跨部门合作内核的人。
- 希望建立严谨逻辑性的个人：希望通过学习实用工具来提升自己做事条理性的人。

## 本书结构

- 第1部分：核心方法论，介绍OGSM、落地袁环以及OGSM战略落地体系的全景。
- 第2部分：业务规划篇，详细阐述在OGSM战略落地体系中是如何进行业务规划和部门规划的。
- 第3部分：业务执行篇，详细阐述在OGSM战略落地体系中业务是如何执行的。
- 第4部分：激活组织篇，从有效激励机制和企业文化落地两方面给出我基于多年探索经验沉淀而来的实用建议。

从现在开始，请你边读边练，需要哪个模块就填哪个。书看完了，练习也做完了，体系的雏形就出来了。用这本实操手册，通过"1页纸+6个会议"就能构建战略落地体系，OGSM让战略执行变得如此简单。开始行动，你就成功了一半！

我衷心希望，本书能赋能更多人，帮助职场人士提高效率，助力更多的人科学创业、少走弯路。

我衷心希望，可以借用我在外企和创业公司的多年经验，助力当今中国企业创业自强，外为中用、洋法振中。如能以我绵薄之力，为国家经济文化发展做出些许贡献，我将深感荣幸。

最后，我要感谢高维学堂的林传科先生、林慧余女士，你们创建的科学创业派系是一份造福企业、实在实战的事业，感谢你们邀我同行。感谢丁芹伟女士在本书成形过程中为我提供的真知灼见，感谢杨丹纯女士与我在OGSM战略落地体系各维度上的通力合作。

本书献给一直无条件支持我的父母、先生、儿子。写作是对体力、耐心的考验，需要坚持初心、专注投入，希望我的儿子由观察而学习，做健康、快乐、善良、自律的自己。

袁园<br>
2022年秋于广州

OGSM
VIABLE
STRATEGY

# 目 录

丛书序

推荐序　关于战略的课程千千万，却缺了好用的那一个

前言　写给创业公司的战略落地实操手册

## 第1部分 ｜ 核心方法论

2　　第1章　认识OGSM

2　　　1.1　创业公司战略落地的共性问题亟待解决

5　　　1.2　OGSM是比OKR更易执行的战略落地"神器"

9　　　1.3　再复杂的计划都能用一页纸说清楚

14　　　1.4　随处可用的简单"神器"：从个人到企业，从生活到业务

| | | |
|---|---|---|
| 20 | 第2章 | 认识落地袁环：OGSM+动人天成 |
| 20 | 2.1 | 战略落地是每个关键要点上的细致执行 |
| 26 | 2.2 | 贯穿到底、层层传递的"落地一页纸" |
| 33 | 2.3 | 战略要写下来 |
| 35 | 2.4 | 目标设置的新SMART原则 |
| 42 | 第3章 | 认识OGSM战略落地体系 |
| 42 | 3.1 | 战略落地执行的关键：说大白话 |
| 45 | 3.2 | 以标准化赋能员工，降低对人的能力要求 |
| 47 | 3.3 | 培养"以终为始，操之在我"的自驱型员工 |
| 49 | 3.4 | 战略落地五大关键点 |
| 52 | 3.5 | OGSM战略落地体系全景图 |

# 第2部分 ｜ 业务规划篇

| | | |
|---|---|---|
| 56 | 第4章 | 公司规划：高层共识，左右拉通 |
| 56 | 4.1 | 公司层面战略解码的关键步骤 |
| 60 | 4.2 | 会议1：战略解码共创会 |
| 77 | 4.3 | 根据战略定位设定"3赢"的战略目标 |
| 84 | 4.4 | 会议2：全面预算启动会 |
| 94 | 4.5 | 管理技巧：两线发展，专人专项 |
| 98 | 第5章 | 部门规划：承接战略，自下而上 |
| 98 | 5.1 | 从部门到子团队规划拆解的关键流程 |
| 99 | 5.2 | 业务部提交销售目标初稿给管委会 |
| 103 | 5.3 | 部门目标制定的关键：自下而上，骨干参加 |

| 105 | 5.4 目标设定的实用指引：3-3-3-3 |
| --- | --- |
| 113 | 5.5 会议3：目标评审会 |
| 124 | 5.6 找策略抓手的三个方法论 |
| 147 | 5.7 找策略抓手之五部曲 |
| 176 | 5.8 一目全局、牵引行动的"神器"：策略屋 |

## 第3部分 ｜ 业务执行篇

| 186 | 第6章 正式通达，上下对齐，进度可视 |
| --- | --- |
| 186 | 6.1 会议5：目标策略通达会 |
| 206 | 6.2 目标管理和监控可视性工具：部门记分卡 |

| 213 | 第7章 目标计划到人，建立闭环管理 |
| --- | --- |
| 213 | 7.1 PDCA循环法 |
| 229 | 7.2 建立业务管理闭环机制的四个关键行动 |
| 238 | 7.3 "三报跟踪" |
| 246 | 7.4 会议6：复盘会 |

## 第4部分 ｜ 激活组织篇

| 256 | 第8章 OGSM贯穿战略到个人，助力企业文化落地 |
| --- | --- |
| 256 | 8.1 有效激励机制：与OGSM挂钩的个人绩效方案 |
| 264 | 8.2 企业文化落地：用OGSM化虚为实，打造自驱协同型组织 |

| 268 | 结语 行动起来，搭建你的战略落地体系 |
| --- | --- |
| 270 | 附录 精选工具下载清单 |

第 1 部分

# 核心方法论

O G S M
V I A B L E
S T R A T E G Y

认知同频，能力同频，让团队高效同行

OGSM
VIABLE
STRATEGY

第 1 章

# 认识OGSM

## 1.1 创业公司战略落地的共性问题亟待解决

在创业公司做合伙人时，我经历了公司快速发展期的各种"甜蜜的烦恼"。我和很多创业公司的创始人交流过，了解到他们也遇见过相似的情况。在创业初期，因为公司定对了方向，抓住了机会，业务发展很快；但是，当业务发展到一定程度时，团队迅速扩张，分工越来越细，问题也随之而来：沟通难度呈几何级上升，决策的执行结果不尽如人意。

大家发现，以前那种几个合伙人商量、分工、直接干的方式已经行不通了。在如今动辄几百人甚至上千人的庞大组织中，不仅各个部门之间仿佛有着一堵看不见的墙，就连同一部门的员工也时常听不懂彼此说的话，总经理和部门负责人不得不焦头烂额地四处"救火"。虽说合伙人就是"革命的一块砖，哪里需要哪里搬"，但问题太多了，再多的砖也不够用。

无论规模大小，创业公司在战略制定与落地执行的过程中都会遇到很多挑战，而且这些挑战高度相似。根据实践经验，我将其中的共性问题总结为以下四点。

**1. 业务体系不完善**

活下来是创业公司的第一使命，因此，在创业初期，为了生存，很多公司将全部资源与精力用于业务拓展，而无暇顾及业务体系的建设。当业务流程不完善时，业务发展越快，公司内部的各种问题就会越凸显，以下是几种常见的问题。

- 销售太快，产品供应不上，造成缺货。
- 跨部门沟通不畅，存在严重的信息不对称。
- 部门的优先项制定和全局需求有偏差，如订单系统容量不够而亟待扩容，IT部门却集中人力开发客服管理系统。
- 所谓的战略通达只是通达了财务目标，没有拆解各团队的策略重点和关键任务，导致大家只能根据自己的经验想到什么就做什么，精力分散，造成资源浪费。

**2. 没有规范的指引**

很多公司虽然已经认识到了业务流程的重要性，并且开始对其进行梳理，但因为没有规范的指引，只能从零开始逐渐摸索，耗费了大量的时间与精力，却收效甚微。而且，没有规范就是没有标准，就没法对标，比如规划频率应该多高、颗粒度到底要多细，都不得而知。

当不同团队都在构建自己的规则时，潜在成本很高，比如，由于没有统一的目标管理工具，虽然每个子团队的主管都在做自己的规划，但是最终很难汇总出一份完整的、能统一沟通的全渠道规划。

### 3. 人员水平不一

不同部门、不同层级的人在教育程度、专业背景、工作经验等方面往往不同，这不可避免地会导致人员水平不一，很多问题由此而产生。比如，经常有高管抱怨说："明明这就是公司的战略方向，为什么他就是不做？""明明我讲得很清楚，为什么他就是听不懂？"又比如大家对目标的理解也不尽相同，老板永远觉得目标不够高，员工永远觉得目标太高了。于是，"讨价还价"的现象时有发生。其实，之所以会出现这样的现象，是因为员工对战略的理解不到位，只能指哪打哪。

如何在人员水平不一的情况下，让大家瞄准战略方向做好自己的事情，成了管理者必须面对的巨大挑战。

### 4. 过程不可控

没有完善的报表和系统，就不能对目标管理进行充分的过程监控，更不能实现系统性的过程可视化。目标和预算只是简单分派下去，没有具体拆解到渠道、客户、产品、节点，这导致公司无法在发现目标未达成时进行复盘，找不到问题的根源。当公司发展蒸蒸日上时，过程不可控的风险被掩盖，但当公司陷入低谷时，这种风险就会席卷而来。

有一个比喻很形象：创业就像开飞机，高速迎风前进，但是机身千疮百孔。创始人手忙脚乱，一会儿要看哪里漏油了，一会儿要堵机身的洞，还要腾出手来控制操纵杆。而过程的可视化能帮助管理者迅速找到最大的问题点或机会点，解除危机，获得新生。

以上四个问题严重制约着公司的发展壮大，甚至关系到公司的生死存亡。管理者好不容易为公司找到好赛道，定下战略方向，但如果战略无法落地，他们的努力和心血都将付诸东流。

正所谓"一分部署，九分落实"，在国家治理中，绘制改革蓝图至关重要，但更关键的是把蓝图一步步变为现实。"为政之道，忧无策，更忧有良策而不落实。"企业管理也是如此，战略规划很重要，但更重要的是落地。战略是否有价值，关键在于执行是否到位。

没有执行，一切为零！

## 1.2 OGSM是比OKR更易执行的战略落地"神器"

有没有一个简单的工具，能使大家统一意见、明确聚焦，使不同部门、不同层级实现有效沟通、听懂彼此的语言，使员工每天做的事情都和战略相关，让战略真正落地？

有！OGSM 就是这样一个简单、有效的"神器"。

从本质上来说，OGSM 是一种逻辑性很强的思维方式，始终保持从目标到执行的一致性。而且，它不限对象、不限场景，人人皆可用，任何场景皆可用。

无论是对个人，还是对组织，OGSM 都能发挥巨大的作用，这主要体现在以下几点。

### 1. 对个人：时间管理与资源管理的利器

OGSM 能帮助人们理清头绪，对时间、资源进行有效管理，一步步形成可执行的行动计划，提高工作效率，从而获得更好的发展。

在做任何事情之前，你都应该先问自己以下 4 个问题：

- 我想要什么？
- 具象化的结果是什么？
- 我该往哪个方向努力？
- 具体该怎么做？

找到这 4 个问题的答案，宽泛的理想才会逐步变为清晰的下一步，才值得为之投入时间和精力。哪怕是开个 2 小时的会议，也要带着目标来，提前想好怎样讲，并且在会后进行复盘：我达到目的了吗？

### 2. 对组织：打通从战略规划到落地执行的全流程

统一工具、统一公司语言，就是统一执行。OGSM 让公司的战略规划做到"1 页纸"就可以写完，并且每个层级、每个部门、每个员工都可以裂变出各自的一页计划书，使战略上下对齐、左右拉通，提升全员执行力。如此一来，公司内部各层级之间就有了很强的承接关系：**上一级的策略是下一级的目的，上一级的衡量指标是下一级的目标。下级对上级的期望和指引的承接甚至可以通过"抄"这个动作来完成。**通过这个简单的动作，大部分由于战略信息通达递减、理解错漏导致的"上传下不达"问题就能得到高效解决。

OGSM 能使战略一层层向下渗透、贯穿最底层，使目的、目标、策略和衡量指标得以快速复盘和修正，使组织可以及时调整行动计划，敏捷响应市场变化。

在我曾服务过 14 年的宝洁，"one page"（一页纸）无处不在、无人不用。这个"one page"就是 OGSM 一页计划书，它可以是年度、季度、月度计划，也可以是品牌规划、项目计划，甚至可以是某个会议的计划。每年，宝洁全球总部都会输出年度规划 OGSM 一页纸计划书，这就是宝洁各个层级都要对准的战略指引。这一页纸将裂变成无数更细化的 OGSM 计划，但万变不离其宗。

OGSM 已经成为融入宝洁人血液的思维习惯和沟通方式。在宝洁，上级最常说的一句话是："拿你的 one page 来 update 一下。"然后对着具体的一页纸，上级会与下级沟通，对下级进行辅导。

宝洁全球最多时有 300 多个品牌和 14 万名员工、业务遍布 180 多个国家和地区，通过 OGSM 一页计划书，独立运营的各品牌、各部门、各层级都朝着一致的战略方向发力，展现出精准的企业执行力。

OGSM 贯穿从战略规划到执行落地的大大小小各个环节，让公司的愿景变成每个人的行动计划，且和绩效考核相关联。相比中国很多企业都在使用的 OKR（Objectives and Key Results，目标与关键成果法），OGSM 是更易执行的战略落地"神器"。

OKR 主要明确的是公司和团队的"目标"以及每个目标达成的可衡量的"关键结果"；而与 OKR 相比，OGSM 多了"策略"这个清晰的达成途径，指引着各层级、各部门员工方向一致地实施方案。当 OGSM 加上我独创的落地袁环中的"动人天成"工具（后面详细介绍），"行动、负责人、哪天、是否完成"4 个关键元素就能进一步具体化为落地抓手。

工具没有好坏，最重要的是适合。为了更好地帮助读者理解和选择合适的工具，我对 OGSM 和市面上较多使用的管理工具 OKR、KPI（Key Performance Indicator，关键绩效指标法）进行了差异比较，如表 1-1 所示。

表 1-1　OGSM、OKR、KPI 的差异比较

| 比较项 | OGSM | OKR | KPI |
| --- | --- | --- | --- |
| 实质 | 目标管理和沟通、执行工具，确定目的和目标、拆解策略、计划执行，重在战略落地；使业务集中在一致的目的、目标与关键策略上 | 目标管理和沟通工具，自驱目标+弹性结果，重在方向；即便OKR完成度不高，只要做出成绩、超越自己，同样可以得高分 | 绩效考核工具，固定指标+强制结果，重在计量；最终得分和指标完成度直接挂钩，完成度越高，得分越高 |
| 前提 | 上下方向一致，员工自我管理能力相对薄弱 | 未来不可预测，员工自我驱动性较强 | 未来可预测，目标可量化，职责分工明确 |
| 目的 | 上下对齐、左右拉通，找到策略抓手，让战略落地 | 创新、自驱、聚焦战略、简化管理 | 考核员工 |
| 导向 | 过程跟踪，结果导向，关注目标实现和里程碑事件的完成 | 目标和关键结果、创新导向，关注事情的成果 | 结果导向，关注事情是否完成 |
| 贯穿层级 | 上一级的策略、衡量指标就是下一级的目的、目标，执行力可贯穿所有层级 | 两个执行层面，两层贯穿 | 单一层级 |
| 灵活性 | 可根据实际情况调整 | 可根据实际情况调整 | 很难改变 |
| 适用业务 | 都适用 | 适用于需要探索、不断变化的业务 | 适用于流程清晰稳定的业务 |
| 适用企业 | 都适用 | 大部分企业都适用，但不适合能清晰考核的企业（如纯销售型企业）或需要强管控的企业（如生产、制造企业）使用 | 不适用于目标方向需要不断探索且工作成果不易量化的企业（特别是知识型企业） |
| 适用部门 | 都适用 | 创新业务、难以量化考核的部门，比如研发部门 | 清晰量化考核的部门 |
| 激励 | 可从目标和衡量指标中选取核心指标项，与薪酬挂钩 | 激励手段，不与薪酬挂钩 | 激励手段，与薪酬挂钩 |
| 管理周期 | 月度/季度/双月等，更敏捷（动态管理） | 月度/季度/双月等，更敏捷（动态管理） | 一般以一年为单位（静态控制管理） |

## 1.3 再复杂的计划都能用一页纸说清楚

OGSM 能将开放性的理想,即"目的",通过具象化的"目标""策略"和"衡量"转化为聚焦、可被执行的具体行动。以简单的"一页纸计划书"化虚为实、化繁为简,是 OGSM 的神奇之处。

最早使用 OGSM 的是美国国家航空航天局(NASA),人类首次登月就是用 OGSM 完成的。

20 世纪五六十年代,美国和苏联进行了一场轰轰烈烈的太空竞赛。当时,苏联发射了世界上第一个人造地球卫星,这对美国民众的自信心造成了极大的打击。为了重振民心,时任美国总统肯尼迪提出,要在 10 年内让美国宇航员登上月球并安全返回。

这个目标十分宏大,但看起来有些不切实际,因为当时美国的航空航天技术不如苏联,而且从未有任何国家成功登上过月球。民意调查也显示,58% 的美国人反对这一计划。但肯尼迪并未因此退却,他一不做二不休,跑到莱斯大学发表了名为"我们选择登月"(*We Choose to Go to the Moon*)的著名演讲,号召全美民众支持阿波罗计划。肯尼迪的演讲不仅让整个美国都为之振奋,而且引起了全球范围内的轰动。这场演讲被视为美国启动登月计划的开端,是美国历史上最著名的演讲之一。

为了实现登月目标,NASA 使用了 OGSM 这一"神器"。它把这个宏大的愿景先拆解成不同的策略,然后再为每个策略制订一步步可承接的计划,并将任务细化为每个部门、每个人要做的具体事项,使人人都知道自己要做的是什么。在执行的过程中,NASA 还要求各部门不断复

盘，及时调整，避免出现偏差，从而确保登月任务的顺利完成。⊖

后来的故事大家都知道了：1969 年，美国宇航员尼尔·奥尔登·阿姆斯特朗（Neil Alden Armstrong）踏上了月球，成为人类历史上的"登月第一人"。在这之中，OGSM 功不可没。

**越困难复杂的项目，越需要简单明了的计划。**登月这么艰巨的任务都能用 OGSM 化繁为简，让各个层级、每个人的"一页纸计划"始终对准战略、彼此衔接。OGSM 作为"登月神器"的成功，充分证明了再复杂的计划都能用一页纸说清楚。

在登月计划期间，还有一个小故事。肯尼迪去 NASA 视察，遇到一位清洁工，他微笑着对那名清洁工说："感谢你把房间打扫得这样干净。"清洁工立刻回答："不，总统先生，我不是在扫地，我正在帮助人类首次登月！"

想象一下，在说这句话的时候，清洁工的内心一定充满自豪，充满使命感！OGSM 的运用使像清洁工这样的基层员工都能非常清楚地知道组织的战略方向，并且为参与其中而深感骄傲。她觉得自己的工作非常有价值，干干净净的房间能让科学家、工程师们在工作时心情愉悦。她会想：人类首次登月的历史壮举能实现，也有我扫地的一份功劳。带着使命感工作，工作的热情和质量完全不一样。功成不必在我，但功成必定有我！

其实，战略解码的过程，就是帮助执行人员理解战略并且找到自身

---

⊖ 艾克，林豪思. 一页纸商业计划 [M]. 邓柔，译. 北京：中国财政经济出版社，2016：13-15.

价值的过程。

那么，OGSM 是什么呢？

OGSM 既是战略规划和执行的管理工具，也是对齐认知的沟通工具，更是逻辑严密的思维方式。它又叫"一页计划书"，顾名思义，这是指再复杂的计划都能用一页纸说清楚。它非常简单，由 4 部分组成，如图 1-1 所示。

图 1-1　OGSM 组成结构

### 1. O：Objective（目的）

O 是 Objective，即目的，一般指宏观的方向，通常是以定性的文字描述的期待达成的状态。简单来讲，就是给团队构建一个成功画像，用一句话定性地描述"我们要去哪儿"或"成功应该是什么样子的"。管理者的一个重要责任就是通过沟通让员工的脑海中产生关于最终目的的画面感，让他们明白要往哪个方向走，用目的牵引全体员工朝着同一个方向努力。

肯尼迪用一句"我们选择登月"帮 NASA 人构建了成功画像，指明了方向，读到这里的你，也为你自己或你的团队用一句话构建一个成功画像，让每一刻的工作都充满价值感吧！

### 2. G：Goal（目标）

G是Goal，即目标，它是定量的数据，把目的变成了具象化的结果指标。目标是从目的的关键词拆解而来的。

例如，某物流公司明年的目的是成为"最令人安心的物流伙伴"，其关键词是"最令人安心"和"物流伙伴"。根据这些关键词，就可以把目标设定出来，"最令人安心"对应的目标是"客户满意度"，"物流伙伴"对应的目标是"送货及时率"。

你也许会发现这家公司没有设收入目标。是的，因为上面这两个目标是从目的的关键词拆解而来的。这家公司希望牵引全体员工聚焦"客户满意度"和"送货及时率"，公司高管认为如果这两个战略指标达成了，那么完成收入目标也就水到渠成了。

由此可见，目标和目的是有承接关联性的，不能断层。

### 3. S：Strategy（策略）

S是Strategy，即策略，它是定性的文字描述，指选择什么途径（聚焦方向）去达到目标。选择，就意味着取舍。

在很多时候，我们会发现，战略机会点不是太少，而是太多，最痛苦的其实是做减法而不是做加法。很多总经理最喜欢的一个句式是"我既想要……也想要……还想要……"，是的，你可以什么都想要，但是如果让全公司几百人、几千人甚至几万人分散精力冲刺几十个重点，那你只能一直停留在"想"的状态。

我认为，公司的策略必须聚焦最高效的路径，只有这样才能使整个公司整合资源、形成合力，才能使所有员工容易记住并理解策略，从而采取行动，实现力出一孔。有个词叫"焦点加法"，它形象地揭示了策略的作用——定出聚焦点，投入资源做加法。我建议，公司聚焦的路径最好不要超过5条，4条业务线与1条组织线的搭配较为适宜。组织策略也很重要，因为如果没有组织策略，业务策略就缺乏支撑。

那么，什么是聚焦呢？我们可以通过一个案例来体会其含义。

我曾辅导过一家生产美容仪的公司，它所采取的一条策略是"通过产品和营销创新全力攻占年轻人的心智"。这一策略很清晰地为全体员工指明了方向：明年公司的资源（即钱、人、流程等）将聚焦于18～25岁的年轻人，为此，公司会加深、加快对这一人群的研究，了解他们喜欢什么产品，喜欢怎样的沟通方式，并为他们制订有针对性的营销方案。但这并不代表该公司打算放弃中老年人市场，只是不对其进行额外投入而已，保持原来的做法能覆盖中老年市场就够了。

策略是对如何把握未来机会并将其转化为经营成果的具象化描述，所以不应将日常运营工作纳入其中。通常而言，日常运营工作只要遵循过去的经验来进行即可，而策略则相对原来的做法更具突破性，一般具备这两种属性之一：一是本来就重要的事情有了创新，二是增加了新的事项。

### 4. M：Measure（衡量）

M是Measure，即衡量，是定量的数据，指用具体的、与策略相关的结果指标来衡量策略的成功。简单来讲，就是把策略拆解成一个个细分指标，通过完成这些细分指标来确保策略的执行，从而促进目的、目标的达成。

如果觉得OGSM拗口难记，可以记住这四个词的中文简称"目目策量"（目的、目标、策略、衡量），这可以帮助你加深记忆。

目的、目标是"What"（要什么），只需花20%的精力；策略、衡量是"How"（怎样做），要花80%的精力去研究怎样才能做到，这样才有价值。

很多公司把大量的时间花在对目的、目标的讨价还价上，这其实是一种浪费。目标没有绝对合理，只有大致合理，关键是如何做才能达成目标。在要聚焦的路径和资源配置等方面达成共识，公司的目的才能最终得以实现。这是"以终为始，操之在我"的行为方式。

## 1.4 随处可用的简单"神器"：从个人到企业，从生活到业务

OGSM不仅是简单好用的工具，更是一种思维方式，其适用范围极广：不仅个人可以用，公司也可以用；既可以用于生活计划，也可以用于业务规划；小到减肥，大到登月，都可以使用。OGSM会让你的思考更有逻辑，做事更有条理。

我们先来看一个OGSM在个人生活规划上的应用案例。

王强属于易胖体质，最近因为过年期间饮食不节制，体重一下子增长到了100公斤，他对自己的状态很不满意。新年伊始，他下定决心要减肥。为了确保减肥效果，他用OGSM制订了个人年度减肥计划，如

表1-2所示。

表1-2 个人年度减肥计划OGSM

| 目的<br>(**O**bjective) | 目标<br>(**G**oal) | 策略<br>(**S**trategy) | 衡量<br>(**M**easure) |
|---|---|---|---|
| 要什么 | 是什么 | 做什么 | 怎样做（衡量指标） |
| 文字描述 | 数据 | 文字描述 | 数据 |
| 通过塑造更好身型，改变油腻大叔形象，转变为型男 | 到年底，减重20公斤（100公斤→80公斤） | 管住嘴（减少摄入）：<br>1. 少吃<br>2. 吃得更健康 | 日均热量摄入1 500cal及以下：<br>1. 每周1天不吃晚餐<br>2. 每天午餐吃沙拉 |
| | | 迈开腿（增加消耗）：<br>增加运动量（有氧运动） | 日均消耗热量2 000cal及以上：<br>1. 每天健走1万步<br>2. 每周游泳5公里 |

王强的目的（O）是"通过塑造更好身型，改变油腻大叔形象，转变为型男"，一句话形象地描述了他的成功画像——"型男"，而且包括了方向——"通过塑造更好身型"，很有画面感。

他的目标（G）设置为"减重20公斤"，以体重为最终的定量结果指标。一开始，他也想过以BMI（身体质量指数）为目标指标，但考虑到要"更好身型"，还是减重更加直观且容易自测。目标应由目的的关键词拆解而来，他抓的关键词是"型男"，所以他想到的第一个目标指标就是体重，这是对的。当然，王强还可以在减肥计划中增加与关键词相关的其他结果指标，比如腰围、胸围等，这会使后面的策略更有针对性。值得提醒的是，目标应该有截止日期，比如"年底"，但这不是必须写出来的。如果没有特别标注，截止日期即计划实施最后一天的日期，那么，年度计划的截止日期默认是12月31日，而月度计划的截止日期则默认是月底最后1天。

在策略（S）上，王强选择了"管住嘴""迈开腿"这两条路径。虽然减重的路径还有吃药、抽脂等，但综合考虑后，他认为"管住嘴"和"迈开腿"是最健康、成本最低的路径，虽然花费的时间会比较长。确实，如果选择抽脂，也许通过手术一天就能直接减重20公斤，但这需要承担手术风险和高额费用。所以，在选择策略时，需要综合考虑各种策略的利弊，选择最优解，并做好心理准备，投入相关的资源（时间、金钱、精力等）。

王强的策略还可以继续分解，比如"管住嘴"是为了"减少摄入"，那么可以通过两个更细化的定性描述来明确如何"管住嘴"：一是少吃，二是吃得更健康。

有了细化的方向后，通过进一步拆解策略，定量的衡量指标（M）就自然而然地产生了："日均热量摄入1 500cal及以下"是对应"减少摄入"的结果指标；"每周1天不吃晚餐"是对应细化策略"少吃"的过程指标，而"每天午餐吃沙拉"是对应细化策略"吃得更健康"的过程指标。如果这些衡量指标完成了，就证明"管住嘴"这条大策略成功了。而针对"迈开腿"的关键词"增加消耗"，王强设置了"日均消耗热量2 000cal及以上"的结果指标，对应"有氧运动"的两个衡量指标则是——"每天健走1万步"和"每周游泳5公里"。

我们可以根据自己的经验或参考别人的成功经验来设置衡量指标，在实施一段时间后，再进行复盘：计划是否能按既定的节奏进行？衡量指标的达成是否能促进目标的分阶段完成？如果答案是不能，说明策略或衡量指标不合适，需要调整。比如，按照王强的减肥计划，每季度应该减重5公斤，但王强在进行第一季度的复盘时发现自己只减重了3公斤，于是，他立刻对自己的策略进行了调整，把一部分午餐换成了代餐，加大了运动量。

在通常情况下，目的是不变的，目标也尽量不要变，但策略、衡量都是需要定期复盘、及时调整的。OGSM应该是越调整越有效的：扎实完成M，S自然实现，假以时日，G和O最终也可以实现。

再来看一个OGSM在工作上的应用案例。

清心堂是一家养生食品连锁公司，其业务规划OGSM，如表1-3所示。

表1-3 清心堂公司业务规划OGSM

| 目的<br>(Objective) | 目标<br>(Goal) | 策略<br>(Strategy) | 衡量<br>(Measure) | 行动<br>(Action) |
| --- | --- | --- | --- | --- |
| 要什么 | 是什么 | 做什么 | 怎样做（衡量指标） | 具体怎样做 |
| 文字描述 | 数据 | 文字描述 | 数据 | 步骤 |
| 打造差异化优势，为顾客创造愉快惊喜的购物体验，从而赢得更多市场份额 | 1. 差异性品类占比：30%(+5%)<br>2. 顾客满意度：90%以上(+10%)<br>3. 市场份额：10%(+2%) | 1. 通过拓展真正独特的差异性产品（养生汤等）创造产品惊喜 | 1. 开发8个差异性产品<br>2. 差异性品类销售额：×元<br>3. 新品反馈：90分以上 | 1. 完成8个产品的开发和客户试用<br>2. 全方位宣传方案审批通过<br>3. 新品上架开卖 |
| | | 2. 通过线上线下联动的"周六特卖场"活动创造新的客流 | 1. "周六特卖场"销量增长：50%<br>2. 线上活动参与率：50% | 1. 完成重新设计："周六特卖场"的动向、布场和活动套装<br>2. 和新品类一起开展线上新活动 |
| | | 3. 通过会员积分换购机制升级，加强重点VIP服务，提高顾客忠诚度 | 1. 重点VIP满意度：95%以上<br>2. 重点VIP回购率：95%以上 | 1. 完成会员需求和建议调研报告<br>2. 会员积分换购机制提案过审<br>3. 销售支持中心系统调整完成 |

清心堂的目的（O）是"打造差异化优势，为顾客创造愉快惊喜的购物体验，从而赢得更多市场份额"，这是它对成功的一个定义，其中的关键词是"**差异化优势**""**愉快惊喜**"和"**赢得更多市场份额**"。

目标（G）有三个——"差异性品类占比""顾客满意度""市场份额"，这是根据目的的关键词拆解而来的可量化的结果目标项。目标包括绝对值和相对值，体现了相对现状的未来的提升期望。

策略（S）对应了前面的方向，定性地描述了通过做什么事达到怎样的状态。

第1条策略与目的的关键词"差异化优势"相对应，并进一步做出了更具象化的路径选择，即"通过拓展真正独特的差异性产品（养生汤等）创造产品惊喜"。清心堂决定从产品拓展方向来打造差异化优势，而不是从品牌或宣传方向，这说明策略和目的是顺承且具象化的关系。

第2条策略"线上线下联动的'周六特卖场'活动"和第3条策略"会员积分换购机制升级"对应的都是目的的关键词"愉快惊喜"，清心堂选择从这两条具体的路径去提高"顾客满意度"。

以上3条策略同时也都对应着目的的关键词"赢得更多市场份额"，帮助最终实现它。

衡量指标（M）进一步具象化其对应的策略所描述的状态。我们以第1条策略为例展开分析。衡量指标的设置要满足一个条件：达到这些指标后，能说明该策略成功了。这条策略对应的三个衡量指标（"开发8个差异性产品""差异性品类销售额：×元""新品反馈：90分以上"）是满足条件的，这些指标包括了客观的经营数据和直观的顾客反馈，如果这些指标都达成了，就说明清心堂真正为顾客创造了产品惊喜。

接下来就是让战略翻译化虚为实的关键一环——"行动"。表格中第5列"行动"的出现进一步地把策略指出的"做什么"转化为了具体的行动计划。还是以第1条策略为例,要具体做什么来"拓展真正独特的差异性产品"呢?清心堂决定分3个里程碑步骤来实现:

- 第一步,完成8个产品开发和客户试用。
- 第二步,全方位宣传方案审批通过。
- 第三步,新品上架开卖。

这些里程碑步骤都是典型的大白话,战略翻译到这里,基层员工应该都能听得懂了。

战略目的之一是"打造差异化优势",这是宏观方向,可能每位员工对此的理解都不一样。但是有了第5列"行动"里的这些具体动作,相关的人就能按图索骥,找出自己该做的事项:研发人员去开发产品,市场部去准备宣传方案。**行动是战略落地唯一可控的抓手**。只有把动作都执行到位,战略目的才可能实现。

通过以上两个案例,你应该已经感受到OGSM是如何把抽象的目的一步步地具象化,变成能落地执行的具体动作的。通过应用OGSM,管理者的思路被理清了,公司要的"要什么""是什么""做什么""怎么做"和"具体怎样做"也有了明确的答案,并且环环相扣,如此,空泛的理想就变成了清晰的下一步。

这就是用OGSM来"翻译"战略、化虚为实的过程。

OGSM
VIABLE
STRATEGY

第 2 章

# 认识落地袁环：OGSM+动人天成

## 2.1 战略落地是每个关键要点上的细致执行

很多公司因为战略无法落地请我去做管理咨询，诊断后，我发现最根本的原因是这些公司只有目标和大方向，缺乏具体、清晰的行动计划。目标虽然向下传达了，但大家都是懵的："到底我要干什么？"这导致战略只能在管理团队层面漂着，不能下沉到部门、员工。

我认为，**战略不是高大上的管理理念，而是每个关键要点的细致执行**。要想使战略真正落地，每个人只了解大方向是不够的，必须动手做事，知道做到了没有并及时复盘、调整。所以，只有OGSM是不够的，还要细化任务、明确分工、责任到人、时间到天。

20年来，我一直致力于对OGSM的解读、实践，基于我的理论和实战的经验总结，我自研自创了一个实用工具——落地袁环。因为这是我独创的圆环工具，所以取我的姓氏的谐音将其命名为"袁环"。

落地袁环的核心元素是8环，即"OGSM+动人天成"。前4环

OGSM 是由前人总结出来的，我在此基础上进行延伸，创造了后 4 环"动人天成"。这 8 环环环相扣，目的正是确保关键要点的细致执行。

关于落地袁环，在前言中我已经进行了简单介绍。现在我来详细介绍落地袁环的"8 字诀"，如图 2-1 所示。

图 2-1　落地袁环中英文图示

中文版的"8 字诀"是"目目策量，动人天成"。如前面所述，有些人觉得 OGSM 比较拗口难记，尤其是在企业转训<sup>⊖</sup>下沉到基层员工时不太直观。因此，我将其转化为目的、目标、策略、衡量的缩写"目目策量"，使员工更易于记住、理解。这之后，OGSM 在企业中的使用率迅速上升。

英文版的"8 字诀"是"OGSMARTC"，可分段为"OGSM+ART+C"，也很容易记忆：OGSM 的艺术（ART），就是要跟进执行

---

⊖　转训这个词运用在培训中，是指员工外出受训，回来后又将所接受的培训内容向其他同事讲授。

(CHECK)，这是计划落地最核心的抓手。8个字母里面还包含了一个单词"SMART"，这是指目标设置的"SMART原则"，在此暂不进行详细介绍。

不管中文版还是英文版，"8字诀"的内核都是一样的：

- 前面4环是"OGSM"，即目的、目标、策略、衡量，主要承接上级大方向。
- 后面4环是"动人天成"，它是4个要素的缩写——行动、负责人、哪天、是否完成。

这8环有严谨的逻辑关系，是环环相扣又层层拆解的。战略翻译、化虚为实，靠的正是后面4环，这4环把每个层级的里程碑动作写下来，使行动到人、到天，使每个员工都能对有没有实现战略落地进行自检。

**"动人天成"是任何计划都能落地的关键。**

OGSM能为公司指引方向，但实际上，几乎每个公司都有目标、策略，只是有些公司缺失了"行动"，而这正是化虚为实最重要的一环。正如德鲁克所说："我们应该将行动纳入决策当中，否则就是纸上谈兵。"别看现在人人必谈战略，其实大企业里那些务实的商业领袖更重视战略拆解后的关键任务是否执行到位。比如，宝洁的全员执行力一直令业界艳羡，但这种执行力的源泉并不是很多人以为的"宝洁有很多点石为金的高手"，而是宝洁上上下下都有的条件反射般的习惯：没有责任到人、跟踪到天的计划都是不合格的计划，都需要补充完整。

基于落地袁环，我设计了新的一页纸计划书，我将其称为"落地一页纸"，如表2-1所示。

表 2-1 "落地一页纸"

| 目的<br>(Objective) | 目标<br>(Goal) | 策略<br>(Strategy) | 衡量<br>(Measure) | 行动<br>(Action) | 负责人<br>(Responsible person) | 哪天<br>(Time) | 是否完成<br>(Check) |
|---|---|---|---|---|---|---|---|
| 一句话构建成功画像 | 具象化的结果是什么 | 聚焦的实现路径是什么 | 用哪些指标来衡量策略的成功 | 列举出要执行的方案 | 谁负责 | 什么时间完成 | 标绿：能提前或按时完成 |
| 文字描述 | 数据 | 文字描述 | 数据 | 分项目或分步骤 | 岗位+姓名 | 具体日期 | 标红：将落后或风险不可控，很有可能无法按时完成 |
|  |  |  |  |  |  |  | 标黄：有风险但可控 |
|  |  |  |  |  |  |  |  |
|  |  |  |  |  |  |  |  |

"落地一页纸"应该如何应用呢？我们以养生食品连锁公司清心堂用"落地一页纸"完成的业务规划为例，如表 2-2 所示。

对执行的管控来说，只有 OGSM 是不够的，在 OGSM 后面补充、完善"动人天成"后，整份计划就变得清晰可执行。每个行动都是通过对前面策略的关键要点进行拆解转化而成的重要任务，且任务分配到人、到天。此外，在"落地一页纸"上要用"红黄绿交通灯"的方式标注进度情况：

- 标绿：能提前或按时完成。
- 标红：将落后或风险不可控，很有可能无法按时完成。
- 标黄：有风险但可控。

表 2-2 清心堂的业务规划"落地一页纸"

| 目的（Objective） | 目标（Goal） | 策略（Strategy） | 衡量（Measure） | 行动（Action） | 负责人（Responsible person） | 哪天（Time） | 是否完成（Check） |
|---|---|---|---|---|---|---|---|
| 打造差异化优势，为顾客创造愉快惊喜的购物体验，从而赢得更多市场份额 | 1.差异性品类占比：30%（+5%）<br>2.顾客满意度：90%以上（+10%）<br>3.市场份额：10%（+2%） | 1.通过拓展真正独特的差异性产品（养生汤等）创造产品惊喜 | 1.开发8个差异性产品<br>2.差异性品类销售额：×元<br>3.新品反馈：90分以上 | 1.完成8个产品的开发和客户试用 | 产品经理陈超 | 3月10日 | 红色 |
| | | | | 2.全方位宣传方案审批通过 | 品牌经理王丽 | 4月1日 | 黄色 |
| | | | | 3.新品上架开卖 | 销售经理张江 | 5月1日 | 红色 |
| | | 2.通过线上线下联动的"周六特卖场"活动创造新的客流 | 1."周六特卖场"销量增长：50%<br>2.线上活动参与率：50% | 1.完成重新设计："周六特卖场"的动向、布场和活动套装 | 营销经理李群 | 3月20日 | 绿色 |
| | | | | 2.和新品类一起开展线上新活动 | 销售经理张江 | 5月1日 | 红色 |
| | | 3.通过会员积分换购机制升级，加强重点VIP服务，提升顾客忠诚度 | 1.重点VIP满意度调查：95%以上<br>2.重点VIP回购率：95%以上 | 1.完成会员需求和建议调研报告 | 市场调研部主管赵阳 | 2月15日 | 绿色 |
| | | | | 2.会员积分换购机制提案过审 | 客服主管肖红 | 3月15日 | 绿色 |
| | | | | 3.销售支持中心系统调整完成 | IT主管徐敏 | 5月1日 | 黄色 |

谁来标注呢？"我的事情我负责，我的结果我做主"，所以，责任人应亲自跟进和标注。而标注的时间也有要求：最迟要在截止时间当天标注；红色要尽早进行标注，提前做好风险管理，准备预案。

当这张"落地一页纸"在企业的办公软件上在线同步、实时可见，所有负责人都可以同步标注并实时看到彼此的进度时，重要里程碑事件的实时可视就得以实现，跨部门的协同配合也被拉通。

进度可视有多重要？通过一个案例你就可以深切地感受到。

按计划，清心堂产品经理陈超应该在3月10日前完成8个产品的开发和客户试用，但是因为某些技术问题，这些工作预估将要推迟1个月完成。陈超应该怎么做呢？

陈超在"落地一页纸"上提前标注进度颜色为红色，并附上了简短说明。这个信息可以帮助其他相关部门调整计划，避免资源浪费。比如销售经理张江看到进度标红后，马上和陈超沟通，得知新品肯定不能在5月1日如期开卖，他及时对上架开卖计划进行了调整，将预定好的新品推广窗口（比如连锁超市的海报宣传）释放，这样既避免了资源浪费，又避免了因无新品而使海报"开天窗"。如果张江没有及时得知变化并相应地调整计划，恐怕到了5月1日就会因为要应对门店的大量投诉而到处扑火救急、疲于奔命。进度可视、提早预警，使整个新品上市计划顺利延期。

能监控过程，使进度可视，是落地袁环与其他管理工具的不一样之处。"管理小白盯结果，管理高手抓过程"，如果管理者等结果指标出来后才发现不达标，往往已经回天乏术了。而过程、进度的可视化，可以让管理者拥有更多的时间和空间来调整。

"落地一页纸"还能促进复盘会的高效召开。过去，在复盘会上，每个人都要汇报自己所负责的事项的情况，一轮下来往往耗费很长时间，有时甚至需要消耗一天的时间，与会者因此疲惫不堪。但启用了在线同步的"落地一页纸"后，与会者可以在开会前对相应行动的进度进行颜色标注，大家只需要看一看此表，就知道哪里有问题。这样一来，在会上，大家可以集中精力和时间对那些标红的事项进行复盘，聚焦风险点，有针对性地讨论解决方案，既节省时间，又能高效地促成应对风险的跨部门协作预案的制订。

现在，请你思考一个问题：在"落地一页纸"上，什么颜色最糟糕？很多人会马上回答"红色"。其实，最糟糕的颜色是"无色"，这意味着该事项的负责人没有标注颜色，意味着他没有跟进进度，至少没有更新。这样的人往往只关心自己的业绩，不关心跨团队合作，缺乏集体意识。

由此可见，在公司中，一定要培养员工"我的事情我负责，我的结果我做主"的意识，让他们充分认识到有自己名字的"落地一页纸"必须及时更新。每个人做好自己该做的，彼此衔接配合，汇聚起来就是强大的力量！

"落地一页纸"是真正让战略落地发生在每个人身上的简单"神器"，你也试试填一下吧。

## 2.2 贯穿到底、层层传递的"落地一页纸"

如前所述，基于落地袁环而设计的"落地一页纸"不仅能化虚为实，让愿景变为具体行动，还能使各部门左右拉通，保持步调协调一致。更厉害的是，"落地一页纸"还是上下对齐、贯穿到底、层层传递的战略规划和执行管理工具，因为落地袁环有两个强大的特性：强逻辑、易操作。

**1. 强逻辑**

落地袁环逻辑严谨：上下是承接关系，层层传递；左右是因果关系，环环相扣。落地袁环的逻辑，如图2-2所示。

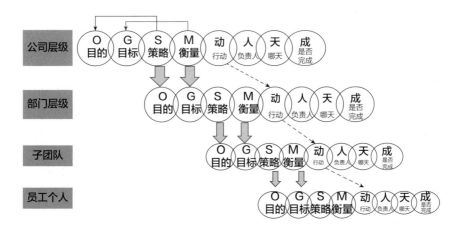

图2-2　落地袁环的逻辑

首先，上下是承接关系，层层传递：上一级的策略、衡量是下一级的目的、目标。

也就是说，公司层级的策略可以变成相关部门的目的，因为都是定性的；公司层级的衡量可以变成相关部门的目标，因为都是定量的。同理，这些重点可以从部门层级传递到子团队，再传递到员工个人，这样，上下就实现了重点对齐。

这种层层传递是如何实现的呢？其实很简单，一个字——抄！只要每个团队能够抄全上一级所制定的与自己相关的策略、衡量，使其变成自己团队的目的、目标，就能使下一级充分理解上一级的要求，实现各层级间准确有效的上传下达。另外，每个团队还要抄全上一级目标里由本团队主导的相关项（后面会举例说明）。

"动人天成"的"行动"是战略化虚为实的关键点，上下也有承接关系，通常来说，上一级负责的关键任务需要下一级的承接，所以也要先"抄"，再细化。

很多创业公司高管最苦恼的是战略传递时经常会出现信息错漏的情况，而通过简单地"抄"作业，不抄漏，这个问题迎刃而解。这样一层一层地传递下去，战略承接度达到70%是没有问题的。虽然员工水平不一，每个人对公司的战略理解也可能不一样，但只要求他们对齐上下两级来抄，这样就极大地降低了对员工个人能力的要求。

其次，左右是因果关系，8环是环环相扣的，后一项都是对准前一项推导出来的。

每个定性项都有对应的定量项：目标是从目的的关键词中拆解而来的，衡量指标与策略紧密相关。如果设计时能确保后面项是前面项的充分条件，那么，达到衡量指标就等于达成目标，策略完成就等于目的达成。而行动是策略的分解动作，以步骤或要素的方式展现出来。该行动最合适的人和完成时间也与衡量指标息息相关，进度跟踪更是检视前项落地与否的过程监控。这8环引导你思考周全，确保逻辑清晰。

需要强调的一点是：**落地袁环以策略和行动为主，重要的是"如何做"**。因此，80%的时间精力应该花在对策略和行动计划的思考上，而不是对目标的制定上，原因有两个方面。

第一，目的、目标可以抄自上级的策略、衡量，不需要太多时间（建议每级都参与上一级的落地袁环共创，后面会对此进行介绍）。

第二，目标没有绝对合理，只有大致合理，最重要的是"如何做"的路径、资源配置及执行到位，这些才能展现员工的价值。

可惜的是，在很多公司中，情况往往是相反的，大部分的时间和精力都被花在了上下级就目标而进行的讨价还价上。

我还观察到：在创业公司，很多员工没有自己的计划，不会主动动脑筋思考，总是习惯性地等待上级下达指令，一切都是老板说了算，出了问题就说是老板的错。长此以往，老板会很累。而落地袁环颠覆了这种传统的管理习惯，它要求下级在承接、理解上级的目的与目标后，主动思考"该如何完成"，输出本级的"落地一页纸"初稿，并且带着自己的提案（内容包括策略、行动建议、需要什么资源等），主动找老板讨论，形成共识。这种管理方式使公司里的每个人都能自发动起来。落地袁环在打造自驱型组织、培养"以终为始、操之在我"型员工等方面发挥的巨大作用已经得到无数次验证。

我们仍以清心堂为例，来看看"落地一页纸"是如何从公司层面"抄"到下级部门，完成上下承接的，以及下级团队是如何主动思考、讨论，推导出环环相扣的本级一页纸的。

清心堂公司层级的"落地一页纸"，如表2-3所示，其中的标灰处是产品部需要负责的部分。

表2-3 清心堂"公司业务规划'落地一页纸'"——承接演示版

| 目的(Objective) | 目标(Goal) | 策略(Strategy) | 衡量(Measure) | 行动(Action) | 负责人(Responsible person) | 哪天(Time) | 是否完成(Check) |
|---|---|---|---|---|---|---|---|
| 打造差异化优势，为顾客创造愉快惊喜的购物体验，从而赢得更多市场份额 | 1. 差异性品类占比：30%(+5%) 2. 顾客满意度：90%以上(+10%) 3. 市场份额：10%(+2%) | 1. 通过拓展真正独特的差异性产品（养生汤等）创造产品惊喜 | 1. 开发8个差异性产品 2. 差异品类销售额：×元 3. 新品反馈：90分以上 | 1. 完成8个产品的开发和客户试用 | 产品经理陈超 | 3月10日 | |
| | | | | 2. 全方位宣传方案审批通过 | 品牌经理王丽 | 4月1日 | |
| | | | | 3. 新品上架开卖 | 销售经理张江 | 5月1日 | |
| | | 2. 通过线上线下联动的"周六特卖场"活动创造新的客流 | 1. "周六特卖场"销量增长：50% 2. 线上活动参与率：50% | 1. 完成重新设计："周六特卖场"的动向、布场和活动套装 | 营销经理李群 | 3月20日 | |
| | | | | 2. 和新品类一起开展线上新活动 | 销售经理张江 | 5月1日 | |
| | | 3. 通过会员积分换购机制升级，加强重点VIP服务，提升顾客忠诚度 | 1. 重点VIP满意度调查：95%以上 2. 重点VIP回购率：95%以上 | 1. 完成会员需求和建议调研报告 | 市场调研部主管赵阳 | 2月15日 | |
| | | | | 2. 会员积分换购机制提案过审 | 客服主管肖红 | 3月15日 | |
| | | | | 3. 销售支持中心系统调整完成 | IT主管徐敏 | 5月1日 | |

产品部经理参加了公司"落地一页纸"的共创后，回来与其下属的部门主管们共创了产品部的"落地一页纸"。产品部输出的"新品开发规划'落地一页纸'"，如表2-4所示，其中的标灰处是产品部从上级抄下来的、需要本部门主导负责的相关项。

表 2-4 产品部"新品开发规划'落地一页纸'"

| 目的 (Objective) | 目标 (Goal) | 策略 (Strategy) | 衡量 (Measure) | 行动 (Action) | 负责人 (Responsible person) | 哪天 (Time) | 是否完成 (Check) |
|---|---|---|---|---|---|---|---|
| 通过拓展真正独特的差异性产品（养生汤等）创造产品惊喜 | 1. 差异性品类占比：30%（+5%）<br>2. 开发8个差异性产品<br>3. 差异性品类销售额：×元<br>4. 新品反馈：90分以上 | 1. 通过消费者全方位调研和热门品类趋势分析，开发出能赢得18~25岁年轻女性青睐的行业新品类 | 1. 年轻女性差异性产品占比：20%（+8%）<br>2. 新品专利申请：×个<br>3. 新品行业杂志主动报道：20次及以上 | 1. 完成"消费者和市场调研分析报告"<br>2. 输出"全年新品规划"并获产品委员会审批<br>3. 输出"新品专利规划时间表"初稿 | 分析主管 张军<br>产品经理 陈超<br>技术专家 方同 | 1月1日<br>1月15日<br>2月15日 | |
| | | 2. 通过与国家级中医养生机构合作，完成新产品的配方突破 | 1. "中医内养"型新配方启用：3种<br>2. 新产品效果投诉率：0.5%及以下 | ... | ... | ... | |
| | | 3. 通过新品开发流程标准化，实现跨部门配合，缩减从新品研发到样品终审的时长 | ... | 1. 完成客户试用，输出反馈报告<br>2. 8个新品样品获批生产，即开发完成<br>3. 新品上架开卖 | 项目主管 刘云<br>产品经理 陈超<br>销售经理 张江 | 3月1日<br>3月10日<br>5月1日 | |

通过表2-4我们可以看到，产品部的目的抄自公司的第一条策略"通过拓展真正独特的差异性产品（养生汤等）创造产品惊喜"。产品部的目标抄自公司第一条策略后的3条衡量指标，再加上来自公司目标的"差异性品类占比：30% (+5%)"，因为这个公司目标是产品部的主导项，按照"要抄全上一级的目标里由本团队主导完成的项"的要求，产品部必须复制这一目标，这样才不会因漏掉而导致无人承接。至此，目的、目标已上下对齐。

接下来，产品部的部门负责人和主管们一起讨论"如何才能做到"，瞄准目的、目标，群策群力地共创出后面的策略、衡量以及"动人天成"计划。值得一提的是，虽然公司层面的"行动"里只有"3月10日，完成8个产品的开发和客户试用"一条是由产品部负责的，但是产品部在将其抄下来后，围绕着这个最终的结果动作，根据产品部的3条策略延伸出了更多的里程碑行动，如完成消费者调研、新品规划获批、专利规划等，这样才能最终按时按质地完成公司层面要求的行动。

就这样，公司对产品部的期望，包括结果指标和里程碑行动，都毫无遗漏地被产品部承接了下来，并被主动延展出本级的"如何做"，这些元素将被下一级子团队继续抄下去。因为主管也参与了上一级部门规划的共创，所以很清楚部门对其的期望，承接就更畅顺了。

通过这样的方式，落地袁环让每层级的策略、衡量变为下级的目的、目标，层层传递，不偏不漏，并借助"动人天成"，让公司有方向，人人有计划。

### 2. 易操作

"落地一页纸"操作简单，拿起可用，不需要专设系统，用 Excel、

Word 或 PPT 都可以，甚至随手拿起一张纸画下这个表格也可以。如果需要团队共用，常用的办公软件如企业微信、钉钉、飞书、WPS 等都有公共盘功能，直接放上去就能使"落地一页纸"实时可视且可同步编辑，有权限的人能随时追踪进度。

只用简单的一页纸，落地袁环就可以随时随地查看跨 3 个层级的优先项，比如总监、经理、主管层级的优先项，并能在最小的表格里看到最完整的团队工作进度，且可用于各行各业、各种规模的组织和各种事项。因此，有学员感叹说："'目目策量，动人天成'——这 8 环是解决任何问题、实现任何事情的万能公式。"

"落地一页纸"在任何层级、任何阶段都可单独使用，但要想使它发挥最强作用，一定要从上到下的所有层级都使用，这将带来贯穿到底、左右协同的全民执行力！

## 2.3 战略要写下来

落地袁环用规划、执行和跟踪三大板块把公司串成了一个有机联动的整体，让公司轻松构建起了一个闭环管理机制，如图 2-3 所示。

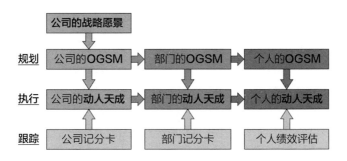

图 2-3　落地袁环闭环管理机制

**1. 板块一：规划**

各个层级都写出自己的 OGSM（"目目策量"），它把理想化的战略愿景转为路径和指标，化虚为实。

**2. 板块二：执行**

执行"动人天成"的行动计划，分步骤或分要素进行都可以，但一定要做到公司有主计划，部门有行动计划，个人有具体计划。

**3. 板块三：跟踪**

从各个层级的目标和衡量里，可以提取出最核心的指标，设计和启用各层级的记分卡，比如公司记分卡、部门记分卡、个人绩效评估等，通过这些"健康仪表盘"，各层级的运作就有了进度可视性，大家可以及时复盘调整，让一切尽在自己的掌控之中。

落地袁环简洁、清晰，只有简简单单的一页纸，易于向下传递和跨部门沟通。不过，虽然看似简单，在实践中很多人却没有充分认识到"写下来"的重要性，或者根本就写不出来。为什么呢？实际上，最根本的原因在于一个简单的道理：**想不明白就说不清楚，说不清楚就写不下来，写不下来就做不出来。**

作为管理者，如果自己都想不明白、说不清楚，还能要求员工做得出来吗？不可能。员工只会做他认为对的事情，而不是你认为对的事情。而落地袁环为每个人提供了高效的沟通平台，让上下级之间、跨部门之间都有具体的、可以拿着讨论的、对着写写画画的一页纸计划。当你能"写下来"的时候，你会发现自己对目标、策略的认知如此清晰，也容易说清楚，让别人理解你的意思。

所以，大家要常常练习。写出来，说明白，让人听懂，战略落地才有可能发生。

## 2.4 目标设置的新SMART原则

作为管理咨询师，我时常走进企业，带着管理团队和骨干做战略规划和落地工作，通过实战演练，引导他们输出各层级的年度规划，包括公司的、部门的、子团队的，甚至个人的。在这个过程中，一些初学者的共性问题屡屡出现，比如设置目标时习惯于"拍脑袋"，没有共同认可的规则，难以达成共识等。战略规划难以推进在很大程度上要归咎于这些问题。

基于此，我总结了目标制定的新SMART原则，将重点和避坑点提炼出来，帮助初学者一步到位、实操到底。这些目标设置的原则和实操避坑提醒，对衡量(M)也一样适用。

SMART原则是目标管理中的一项原则，是衡量目标是否清晰的通用标准，它要求目标必须符合5个原则：明确的（Specific）、可衡量的（Measurable）、可达到的（Attainable）、有相关性的（Relevant）、有时限的（Time-Based）。根据我国的市场竞争情况及其对人员发展速度的要求，我对这5个原则进行了调整，并将其称为"新SMART原则"。

新SMART原则更适合中国公司，尤其是创业公司。因为我们所处的时代是一个适合创业的时代，创业者可以获得很多机会、红利、政策支持。但我们所处的时代也是一个竞争最激烈的时代，业务要快速增长，组织要快速发展，任何一家公司都不能故步自封，创业者面对的挑战尤其严峻："UP or OUT ?"要么发展，要么出局！不仅如此，这还是一个大数据时代，信息非常透明。哪个赛道好，很快就有无数人冲进来分一杯羹；哪个产品火，马上就有无数同类产品在市场上冒出来。无论是企业，还是个人，都必须时刻保持"挑战更高的"自我要求，否则很快就会在时代的浪潮中被淘汰。

新 SMART 原则中的 SMART 由 5 个英文单词的首字母组成：

- <u>S</u>pecific（<u>明</u>确的）
- <u>M</u>easurable（可<u>衡</u>量的）
- <u>A</u>mbitious（挑战更<u>高</u>的）
- <u>R</u>ealistic（<u>能</u>实现的）
- <u>T</u>ime-Based（有<u>时</u>限的）

为了帮助记忆，新 SMART 原则可缩写为"明·量·高·能·时"，5 个要素因此呼之欲出。

**1. Specific（明确的）**

明确的就是具体、清晰、没有歧义。举个例子，我到某个公司上管理培训课，如果设立的培训目标是"大大提升骨干的管理能力"，这个目标就是不明确的。"大大""骨干""管理能力"都是含糊的表达，每个人对此的理解可能都不一样。如果设立的目标是"参加培训的主管及以上人员考试平均分为 95 分以上"，这个目标就非常明确，任何人的理解都是一样的。

**2. Measurable（可衡量的）**

可衡量的指的是，要有明确的数据或事实作为达标的依据，可以从数量、质量、成本、时间、反馈满意度等方面进行表述，如表2-5所示。

表 2-5 可衡量指标参考表

| | |
|---|---|
| 数量 | 销量、利润、产量、收入、利润率、市场渗透率、新客户数量、投资回报率等 |
| 质量 | 准确率、覆盖范围（每单位多少人）、服务规范（规定时间内做到多少次）、错误率等 |
| 成本 | 单位成本、实际与预算比等 |
| 时间 | 限期、交付时间进度、单位产出（每小时完成多少个）等 |
| 反馈满意度 | 个数或比率，如投诉率、好评率、反馈率、员工流失率等 |

### 3. Ambitious（挑战更高的）

在这方面，可借助对标法，锚定一个对比的对象，即要跟谁比，选择赢谁。作为个人，你可以跟自己比，超越你曾经创造过的辉煌纪录，还可以和其他同职位的小伙伴进行比较。如果设定的目标无法回答"打算赢谁？"的问题，那么这个目标就不是一个好目标。如果制定的目标谁也赢不了，那么这场比赛还没有开始就已注定会有一个落寞的结局，因为无论你多么努力，都不会比任何人包括曾经的自己更优秀。制定了更高的目标、选定了要赢谁，就确定了成功的标准，接下来你要做的就是全力以赴地奋斗，这就是"以终为始"的意义。

### 4. Realistic（能实现的）

目标不是拍胸脯承诺，需要对实现路径、所需资源进行周详的计划，并一步步执行。计划要做到能支撑目标的实现。好的目标最后要么实现了，要么在你的掌控中。

### 5. Time-Based（有时限的）

目标必须有明确的截止日期，最好具体到"某月某日"，而不是"第三季度"。截止日期的范围太大，对资源配置会有很大的影响，也会使结果的不确定性大大提高。

### 实操技巧

①目标及后面各环节都是根据目的环环拆解而来的，要保证后项是前项的充分条件。

举个例子，如果目的是"考试及格"，那目标要设为考到多少分呢？很多人会条件反射似地回答"60分"，其实，从60分到100分，都是"考试及格"的充分条件。但是到底对自己的要求有多"充分"，是60分还是100分，不同的人有不同的习惯。不过，值得提醒的是，如果目标只是设置为60分这个最低标准线，最后往往很难达标，因为总会有各种意料不到的情况出现。

每一位管理者的习惯是不一样的。我在设置业务目标和计划策略抓手时，永远都会设定比完成目的的最低标准还要高20%的目标。也就是说，要有120%的充足计划，才能应对变化的市场和执行过程中层出不穷的意外。

②任何团队都必须有可衡量的目标，主管必须说清楚成功的标准是什么。

有些部门主管习惯了设置假大空的目标，如"大大提升品牌影响力""技术创新达行业领先水平""分销完成全面覆盖"等，这些目标都是不合理的，因为有歧义，很难衡量是否完成。比如，针对"分销完成全面覆盖"这个目标，不同的人就很可能有不同的解读：销售总监认为分销点覆盖全国省级地区，也就是有34个分销商就达标了；而总经理则认为要覆盖到670个市级地区，要有超过20万家的门店才是达标。这样一来，便难以定义这个目标最终是否完成。

因此，主管必须说清楚成功的标准是什么。如果企业管理者接受了主管说不清楚什么叫成功，那就准备接受这一年他将带领着一支可怜的团队过得忙忙碌碌但浑浑噩噩吧。

在一次企业内训中，研发部总监满面愁容地向我请教如何设部门目标："袁老师，研发部跟其他部门不一样，不该设数字来限制我们的创造性思维吧？即使要设，我们也不像销售部、财务部那样有明确的数字指标啊！"

我问了一个问题："那你觉得研发部这100多位员工需要成功标准，需要衡量吗？"

他说："需要是需要，但是真的很难量化。"

有了"部门需要衡量"的基本共识，提建议才有意义。我说："其实，数量、质量、成本、时间、反馈满意度等都可以用来衡量绩效。对于研发部，至少有3个指标可供参考。一是项目的按时完成率。研发部有很多项目，如果以前10个项目只有4个按时完成，以后能不能将按时完成率提升到60%？二是首次提案过审率，这会牵引大家关注研发方案的质量而不是数量。三是兄弟部门的满意度，比如让产品部、销售部等兄弟部门定期对你们的项目进行反馈、评分。绝对值是没有意义的，因为它们永远也不会完全满意，但评分提升的相对值是有价值的，可以让你们看到各个维度的进步。就像员工对企业的感受是很主观的，定期的员工满意度调查才能将员工的主观感受转化为客观的相对数值，才能评判企业各方面是否得到了提升。"

最后，他很高兴地采用了前两个指标，有了思路后，他决定回去和主管们商量，共同制定更多的成功标准。

③**数字后面加变化（±$x$%），表明同比或环比的变化。**

当目标被层层传递下去时，如果只有绝对值，基层员工往往很难理解，所以需要加上相对值的变化数据，它们能直观地显示出目标与去年同期相比或者环比上季度的变化幅度，让大家马上理解该数字代表的增值或增效的幅度，以此为参照标准来设置本级的目标。

某公司设置的目标包括市场份额和销售额，标准写法为：

- 市场份额：50%（+100%）
- 销售额：10亿元（+160%）

如果只有绝对值，大家虽然看到要达到50%的市场份额和10亿元的销售额，但是不知道去年达到了多少、还要增加多少。增加了括号内的相对值变化数据后，大家马上就明白市场份额要增加1倍、销售额要增加 1.6 倍，各部门和各级人员在设置自己的目标时，就有了一个基准线。销售人员会想："如果我定的目标低于 1.6 倍增长，那就是给公司拖后腿。"生产、物流人员会想："如果我定的供货量、运输量低于 1.6 倍增长，就代表公司有可能因为我而无法完成整体目标。"这样目标就能更容易被理解，更容易上下对齐、左右拉通。

OGSM
VIABLE
STRATEGY

第 3 章

# 认识OGSM战略落地体系

## 3.1 战略落地执行的关键：说大白话

"知者行之始，行者知之成"出自明代哲学家王阳明的《传习录》，阐述的是他对知行合一的理解，意思是认知是行为的开始，行为是认知的完成。我的理解是：人的行为动机受到认知的制约。改变认知，就可以改变动机，从而改变行为。

要导入新的知识体系，践行新的工具方法，就要从改变原来的管理认知和思维习惯开始。接下来，我们将学习到，要改变甚至颠覆传统管理思想所倡导的做法，最好先对齐观点，达到认知同频，再学习方法论和工具，从而使能力同频，这更利于消化吸收。

那么，人人都在讲战略，到底什么才是好战略呢？

不同的人对此有不同的观点，有人认为有前瞻性的是好战略，有人认为能促进业务增长的就是好战略。好战略的定义有很多，而我认为，能落地的才是好战略。

战略不管看上去多么辞藻华丽、专业且高端，凡是不能落地的，统统都只是口号。写得再好，如果最后只在纸上出现，又有什么用？你不能说："我们的战略很好，只是没有执行。"

有清晰的战略只能确保企业有共同的方向，战略的最终落地需要所有成员的参与。那么，怎么才能让公司上下所有成员都参与到战略执行中去呢？也就是战略落地的关键是什么呢？答案是：说大白话。换言之，是要让所有人都听得懂，都知道怎么去做。

先讲一位宝洁老前辈的故事，我们可以从中感受到说大白话的重要性。

宝洁被誉为"CEO的摇篮"，其标准化、系统化的培训体系，培养出了数不胜数的商业领袖。很多知名公司的掌舵人都来自宝洁，他们可能风格不同，但其管理的底层逻辑和方法论是一致的，也被证明是有效的。

我在宝洁美国总部做项目时，认识了一位德高望重的老前辈——约翰·白波（John Pepper），他是迪士尼公司前董事局主席，曾担任宝洁全球董事长兼CEO。他为人低调亲和，美国《商业周刊》把他形容为"最乐意倾听底层声音的经理人"。有一次，我参加在辛辛那提举办的一个商业聚会，会上，白波先生介绍了他的著作《无欲之争》，并谈到他对领导力的理解。他说："领导力就是做自己，能想清楚什么事情应该做，而且有方法、有能力和其他人一起完成。"这句大白话一说完，现场马上响起了热烈的掌声。参加聚会的人有不同的背景，但都迅速领会了白波先生的话。

这就是大白话的力量。白波先生很擅长用大白话来解释战略方向、成功要素，这是一种引导共识的能力，很多成功人士都有这种能力，我将其称为"战略的翻译能力"。

说大白话是值得大家刻意练习的一种能力。在宝洁，员工从做管培生时就开始练习沟通技巧、演讲技巧，用现在的话来说就是培养自己的结构性思维。这种练习的核心要求是使自己的表达尽可能简洁平实，越是大白话越好。因为每个人都要向上接触高层（如总监、总经理），向下和业务基层打交道，只有练好了说大白话的能力，才能让各层级、各部门的人都听得懂，所制订的计划才容易被接受，执行效果才会更好。

企业内部经常出现这样一种现象：各部门之间说话互相听不懂，上下级之间说话彼此也听不懂，却往往责怪对方，比如运营说研发不懂销售，研发说运营不懂技术，老板怪员工水平差，听不懂他说的话。其实，以后再出现这样的情况，不要去抱怨对方理解不了你，真正的问题在于你不具备战略的翻译能力，不会说大白话，不能让别人听懂。

**说大白话，就是"说人话"，让任何人都听得懂你的话。**

**能被执行的战略都是通俗易懂的。**员工只有听懂了战略，才可能去执行。

很多时候，公司高管们容易深陷在自己用各种高大上的辞藻构建的美好愿景里，往往忽视了员工是否听懂了、是否理解要做什么。正如每个公司都在提倡"夯实基础""不断创新"，这些都是正确的方向，但对具体该怎么做，每个人的理解都不一样。所谓大道至简、深入浅出，高管们虽然懂很多，但关键在于，要把公司战略翻译成类似"产品全线迭代创新"这样的大白话，让每个人都能听懂，都会执行，战略才容易落地。

其实说大白话是成功影响力的两个必要条件之一。**如果你能够在沟通中做到这两个必要条件，别人就会听你的：**

- 让他听懂你的话（就是要说大白话）
- 让他知道做到后对他有什么好处

如果员工、客户能理解你的要求，知道完成后他将获得什么利益，便会尽力而为。

由此可见，战略能落地的关键基础是说大白话，要刻意练习说大白话的能力，刻意练习战略翻译的能力。

## 3.2 以标准化赋能员工，降低对人的能力要求

很多公司有这个困惑——强将弱兵。

有些上位者专业水平高却不精于管理，恨不得事必躬亲，但他带的兵却不怎么样，连他的十分之一都不及。这导致主管忙晕，员工受挫。

要求每个员工都如优秀的主管一样做到 100 分是不可能的，但我们应该找到一种高效的、可复制的管理方法，让主管把自己做到 100 分的经验提炼、总结出来，形成标准和流程，赋能员工，使人人都能做到 80 分，从而降低对人的能力要求。

"一个 100 分不如全员 80 分"，这个观点摘自《聚变》⊖ 一书，作者陈立才也曾是宝洁的销售。他在书中提到了宝洁内部流行甚久的一个

---

⊖ 陈立才. 聚变：解码新希望乳业十倍速成长 [M]. 广州：羊城晚报出版社，2019：110-111.

道理："一位很厉害的中餐大厨，往往只能服务好一家餐饮店；一位很厉害的西餐大厨，却通常能服务好一个连锁餐饮店。"他倡导"麦当劳化"，即"西餐化"，也就是要向西餐大厨学习使用标准化实操手册，对做菜的步骤、时间和用量都进行严格的规定，使人一看就会，一做就成。反之，中餐菜谱里的"少许""适量"纯靠个人领悟和经验来拿捏。凡是靠个人拿捏火候的事情都做不大。一个人走得快，但一群人才走得远。

如何促进全员做到80分？可以参考宝洁的做法。

宝洁非常重视知识沉淀，通过鼓励优秀案例的输出和分享，优秀员工的100分做法迅速被团队学习和复制，在很短的时间内就能覆盖到一个省、一个大区甚至全国的销售队伍。"Share and Reapply"（分享和再应用）是融入宝洁人基因里的习惯，每个人都有责任对自己做得好的事情进行归纳、总结，提炼出容易被听懂、可以被复制的标准、秘诀，并向团队分享。效果特别突出的会被上级转发到更大的范围，从而帮助其他人，形成同频共振。

宝洁讲究标准化、流程化，优秀案例里的好的工作方法如果适用面足够广，就会由市场策略计划部总结提炼为模块化、工具化的标准，并分解为具体的执行动作，迅速在全国推广复制。"麦当劳式销售覆盖模式"（McSales Model）是最典型的例子，每年更新一次的《麦克模式手册》就是分销商管理标准实操手册，其中包括销售代表工具、拜访路线、每日流程、拜访步骤、分级覆盖标准等。而且，每年都会有从新分享的优秀案例里提炼出的新做法补充进去，保持更新迭代。

由此可见，企业要想获得迅速发展，一定要有意识地以机制或企业文化鼓励日常工作中的知识沉淀（如分享优秀案例），并及时提炼、总结出可复制的标准与流程，有规划地进行知识管理和迭代，让优秀者的100分做法迅速被全体员工复制，实现全员80分，从而提升整个团队的水平以及执行力。

## 3.3 培养"以终为始，操之在我"的自驱型员工

战略落地不能只靠管理团队，还要激活每个人的积极性，让员工主动发挥创造力和执行力，在工作中得到成长。

每个人的思维方式不一样，这导致个人成长的速度和成就完全不一样。企业中有很多员工，每天等老板下了指令才干活，从来不会主动思考："为什么需要做这个？我要做成什么样？做完后我的技能有没有提升？"这样的人日复一日、年复一年都在被动地做着简单重复的事情，很难获得成长。当企业发展壮大了，体量变成现在的5倍甚至10倍时，企业中每个岗位的能力要求也会随之提高，这些始终没有成长的员工最终就会被淘汰。

由此可见，为了使战略得到更有效的执行，也为了帮助员工成长，企业一定要培养自驱型员工，帮助员工改变思维方式，养成高效的职场行为习惯。

美国管理学大师斯蒂芬·柯维(Stephen R. Covey)所著的《高效能人士的七个习惯》是一部个人成长和管理方面的经典著作，这本书讲了七个令人终生受用的好习惯，我强烈推荐其中的两个习惯——

"以终为始""操之在我"[注]，这两点特别适合中国企业及个人的学习内化。

### 1. 以终为始

以终为始指的是，做任何事情都采取从目标出发寻找到达终点的方法。一切从未来的愿景开始，而不是从现在开始，也就是**能看到未来，会计划现在**。你得先想清楚自己想要什么，定下具体的目标，再检视现状，倒推还缺什么资源、技能，然后做计划补足差距、分步骤实施，这样最终才能实现目标。

### 2. 操之在我

操之在我，就是"我的事情我负责，我的结果我做主"。这种思维方式从被人管理转向了自我管理：关注我能影响到的身边的人和事，将之变成自己的平台和资源，帮助我达到目标。一切事情的成败不归因于外，而归因于内，因为只有内部——"我自己"，才是最重要的成功因素。典型的"操之在我者"习惯思考的问题是"我能做什么？""要怎样才能做到？"，而不是抱怨"缺少资源""我做不到"。

养成以终为始、操之在我的习惯后，一个人的思路和前途会变得豁然开朗。

请回答我的问题："你有没有想过，五年之后的你，此时此刻正在做着什么，在哪个公司，什么职位？"如果你是公司的总经理，那么请回答："你们公司现在的体量是多少？五年之后你希望公司发展到多大

---

[注] "操之在我"是从英文"Be Proactive"翻译而来的，有些书中将其译为"积极主动"，而宝洁内部使用的均为"操之在我"这个译法。

的体量？"

如果你认真思考了，你就会发现，你已经为五年后的自己、五年后的公司定好了目标。

假如你现在是一位经理，五年后你想成为某个大企业的销售总监，这就是你的五年职业发展目标。你需要检视现状，看看自己还欠缺多少技能和经验，再有意识地计划明年要练习什么技能，后年做什么项目等，从而逐渐补足与大企业的销售总监任职资格的差距，一步步地朝着目标迈进。

假如你的公司现在一年营收（营业收入）为3亿元，你希望5年之后公司营收达到30亿元，那么你就要思考3亿元和30亿元之间差了多少产品线、多少渠道、多少组织能力、多少人才，然后拆解为接下来每一年要做的事，并制订具体的计划，分步骤、分工去实施。

只有把理想变为具体的目标，再层层拆解为每个阶段要采取的行动，并一件件地完成，最终理想才会实现，这就是以终为始。在这个过程中，你的主动思考至关重要，只有充分调动起主观能动性，一切才尽在你的掌控之中，这就是操之在我。培养自驱型员工，应该让每一个人都理解和记住"以终为始，操之在我"。

每个人都是在为自己的简历打工，为自己的市场价值打工，自己决定自己的未来。

## 3.4 战略落地五大关键点

随着社会经济的发展、创业政策的不断出台，创业公司蓬勃生长起来，其中大多数是最近10年刚创立的，这类公司内部管理偏"人治"，采取的大多是一把手说了算的决策制度。创始人和合伙人是火车头，亲力亲为指方向、做决策、建团队、做业务。随着业务的逐步拓展和组织规模的发展壮大，管理的复杂性和沟通难度不断增加成了这类创业公司不得不面对的最大挑战。这时，从"人治"转向"法治"成为必然的选择，许多公司开始有意识地构建业务体系，对现状进行梳理分析，提炼、总结出标准化、系统化的运营流程，从而使企业维持高效、自动地运转，推动企业有序发展。

**战略规划执行是高层共识下的跨部门协同。战略落地是以战略为导向、以业务为抓手的全员联动。**这3个要素是有效构建业务体系的重心。

### 1. 以战略为导向

企业的核心高管团队（包括创始人、总经理、合伙人、骨干部门负责人等），务必要达成共识、统一战略方向。

大家群策群力、共创战略，是彼此加深理解的过程。建立共识后，一切业务运营和组织管理要始终以战略为导向，在出现不同意见时，要以战略方向为决策依据。决策前要充分讨论，决策后要坚决执行。这样才能避免"一言堂"导致的"都是总经理说了算，错也是总经理的错"现象，或是多个合伙人各执己见导致的"你说你的，我做我的"现象。方向一致，方能力出一孔。

### 2. 以业务为抓手

以业务为抓手，牵引各部门制订计划和进行跨部门协同，是战略落地的一个重要原则。德鲁克曾说："企业的经营成果在企业外部，在企业内部只有成本。"企业内部的一切运营应以满足外部需求为目的。业务部是连接外部市场、客户和消费者需求与企业内部运营的对接点，企业往往需要其带来外部资讯。业务部更多地参与到战略规划与业务策略的制定中，能使企业的经营决策始终围绕着业务进行。因此，有针对性的业务行为是战略落地的突破口和抓手，把握这一点，美好但空泛的战略愿景才能变成抓得住、管得到的动作。

**3. 全员联动**

战略落地不只是管理团队的事，业务行动也不只是业务部的事情。企业运营是各部门、各层级齿轮相扣、彼此牵动、彼此制约的有机联动，需要所有人的参与。一个企业有几百人乃至几万人，不能靠个人的经验、感觉、习惯做事，需要构建闭环管理机制，有效地进行计划、沟通、执行、复盘和调整，还要用简单可行的工具方法进行赋能，以有效的激励机制激活组织。

为了帮助更多企业实现以战略为导向、以业务为抓手的全员联动，我从多次辅导企业战略规划和执行的管理实战中总结、提炼了战略落地的五大关键点：

- 公司规划：高层共识，左右拉通。
- 部门规划：承接战略，自下而上。
- 正式通达，上下对齐，进度可视。
- 目标计划到人，建立闭环管理。
- 赋能激励，激活组织。

作为 OGSM 战略落地体系的主线，这五大关键点通过落地袁环的"1 页纸 +6 个会议"，从公司到部门再到个人，从战略规划到正式通达，再到执行跟踪，从业务抓手到组织激活，全线贯穿最必需的业务场景。

## 3.5　OGSM战略落地体系全景图

为了帮助读者更好地理解OGSM战略落地体系，了解整个战略落地体系的框架，我特意绘制了"OGSM战略落地体系全景图"，这个全景图包括6个会议、20个行动、18个输出，如表3-1所示。

表3-1　OGSM战略落地体系全景图

| 部分 | 模块 | | 6个会议 | 20个行动 | 18个输出 |
|---|---|---|---|---|---|
| 业务规划 | O (**O**bje-ctive) | 明确战略目的 | 1. 战略解码共创会 | O1. 公司长期战略规划会<br>O2. 战略解码共创会<br>O3. 全面预算启动（共建）<br>O4. 设计公司记分卡（共担）<br>O5. 设计和组织绩效挂钩的年终奖方案（共享） | 1.1 公司年度规划一页纸<br>1.2 部门年度规划一页纸（初稿）<br>1.3 全面预算委员会成立<br>1.4 公司记分卡（共识方向）<br>1.5 年终奖方案（共识原则） |
| | | | 2. 全面预算启动会 | | 2.1 全面预算启动会资料 |
| | G (**G**oal) | 制定业务目标 | 3. 目标评审会 | G1. 将业务销售目标提案交给管委会参考<br>G2. 各部门提交年度规划一页纸<br>G3. 召开目标评审会 | 3.1 评审和批准各部门目标<br>3.2 确定公司和各部门各自的十件要事，专人专项 |
| | S (**S**trategy) | 找到策略抓手 | 4. 部门预算启动会 | S1. 定性找出业务问题点和机会点：部门预算启动会<br>S2. 定量找出关键任务：构建抓手货架<br>S3. 增长抓手量化及可行性分析，确定聚焦重点<br>S4. 检验目标达成的抓手充足性<br>S5. 目标及预算校准后确定 | 4.1 找到切入点：业务问题点和机会点<br>4.2 确定策略重点之关键任务（策略抓手） |

（续）

| 部分 | 模块 | | 6个会议 | 20个行动 | 18个输出 |
|---|---|---|---|---|---|
| 业务规划 | M (Measure) | 拆解衡量指标 | 5.目标策略通达会 | M1.召开目标策略通达会<br>M2.设计部门记分卡 | 5.1 目标策略通达会大会资料<br>5.2 部门记分卡 |
| 业务执行 | "动人天成" | 计划执行落地 | 6.复盘会 | E1.成立OGSM落地项目组<br>E2.确定公司和各部门各自的十件要事，立项管理<br>E3.全员个人目标计划：赋能及输出时间表<br>E4.启用"三报三会" | 6.1 公司和各部门各自的十件要事的立项书<br>6.2 个人目标计划一页纸<br>6.3 公司及部门会议年历<br>6.4 各层级月度复盘及下月调整计划 |
| 激活组织 | 实施激励机制 | | | 审批、通达、执行、跟踪、复盘 | 与OGSM挂钩的个人绩效方案 |
| | 企业文化落地 | | | | 化虚为实，打造内驱协同型组织 |

通过该全景图，我们可以看到：

可以简单到通过"1页纸+6个会议"，打通战略到个人绩效。

- "1页纸"，是指贯穿始终的通用工具——基于落地袁环而设计出来的"落地一页纸"。
- "6个会议"，是指6个关键的业务会议：战略解码共创会、全面预算启动会、目标评审会、部门预算启动会、目标策略通达会、复盘会。

学习新的知识体系，最好做到"心中有全景，手中有场景"。创业者、管理者在了解全景后可以对照自己公司的实际情况（场景）查缺补漏，根据重要程度和欠缺程度，按需分批逐个导入，不必急于同时把全景整个建立起来。

每个会议都有相应的步骤和输出，每个模块也配有简单可复制的工具，接下来我会一一展开阐述。学是输入、习是输出，学以致用是最有效的学习方式。建议你在阅读的过程中有意识地针对最需要的场景，跟着案例使用工具、填写模板，练习建立自己精简版的战略落地体系。

# 第 2 部分

## 业务规划篇

OGSM
VIABLE
STRATEGY

如果散乱带来的后果还不够严重,

就不会真正开始系统化管理

OGSM
VIABLE
STRATEGY

第 4 章

# 公司规划：高层共识，左右拉通

## 4.1 公司层面战略解码的关键步骤

要在企业中建立最精简的、以战略为导向的、以业务为抓手的战略落地体系，应从战略落地的第一大关键点开始——公司规划。

做好公司规划的关键在于，达成高层共识，左右拉通，即让核心管理团队明确战略目的。

战略思考是艺术，战略管理是科学。艺术是充满探索性、开放性的学科，而科学是有规则可依的系统方法。猎豹移动董事长兼 CEO 傅盛在一次演讲时曾谈到对创业的真实体会："创业最大的难度就是太自由了。在创业过程中，可能最难的就是把自由度变成一个具体问题，变成一个具体目标。"傅盛还说："创业，要像做一道数学题一样。反复就一个封闭问题，来回推演。一旦具备这样的能力，创业就开始变得简单。虽然它不再像当初那么壮怀激烈，那么有情怀，但它开始变得有解。"

从开放式的战略机会点导出封闭式的、可解的公司规划，可以让战略不再只是一个想法或口号。公司规划应该包括清晰的、可拆解的目的、目标、策略、衡量、关键任务，这是核心管理团队必须承担的但经常做得不够好的重要任务。而要做好公司规划，核心管理团队需要一起参与公司层面战略解码的各个环节，共创封闭式的、可解的公司规划，从而从公司层面明确战略目的。

**具体来说，公司层面战略解码有5个关键步骤：**

- 第一步：CEO召开公司长期战略规划会，描述公司3~5年的战略规划。
- 第二步：CEO牵头召开战略解码共创会，确定管理团队的共识，这是将公司的年度规划"落地一页纸"解码到部门的关键环节。
- 第三步：在开完战略解码共创会后，CEO要求各个部门提交年度规划初稿，各部门负责人带领团队共创各部门的年度规划一页纸。
- 第四步：财务部启动全面预算。
- 第五步：人力资源部设计年终奖方案。

以上5个步骤是搭建业务体系前面的关键环节，属于公司层面的流程。经过这几个步骤，公司年度规划一页纸、各部门年度规划一页纸、公司记分卡等得以输出，全面预算委员会组建完成，年终奖方案的原则和方向也确定了，接下来要做的就是各种具体的规划了。

我以一个小家电公司为例，对战略解码的各步骤进行深入剖析，为大家展示从公司长期规划拆解到公司年度规划，进而拆解到部门年度规划的全过程。

佳美科技有限公司（简称佳美公司）是一家主营各种家用美容仪的小型家电公司。每年，CEO朱总都会召集核心管理团队（包括合伙人、部门负责人等）一起开公司长期战略规划会，通过对行业趋势、市场客户、竞争对手的洞察以及对自身的SWOT分析，寻找战略机会点，并群策群力共同制订公司5年的长期战略规划，如表4-1所示，并且每年会根据新变化而滚动更新。

表4-1 佳美公司的5年战略规划OGSM

| 公司5年战略规划 | |
|---|---|
| 战略目的<br>（**O**bjective） | 通过领先的技术创新，成为家用美容仪品类的行业绝对领导者，5年内成为品类第一 |
| 战略目标<br>（**G**oal） | 2025年达到：<br>· 市场排名：中国第一<br>· 规模：实现：××亿元年收入<br>· 盈利：利润实现××亿元<br>· 新兴产品或者品类占比：××% |
| 战略举措<br>（**S**trategy） | · 2023年实现国外市场的重大突破<br>· 2023年取得技术突破<br>· 5年内孵化两个新兴产品或者品类 |
| 衡量指标<br>（**M**easure） | 销售额、净收入、利润、新品类成功率、研发和产品投入占比、新渠道数、交付率、成功构建系统数、人才库健康度 |

因为长期战略规划的主要作用是为公司指引方向，相对年度规划来说颗粒度会更粗一些，不需要详细拆解到具体行动，所以佳美公司采用的工具是OGSM一页纸。

其战略目的（O）是通过**领先的技术创新，成为家用美容仪品类的行业绝对领导者，5年内成为品类第一**。而它的战略目标（G）对准它的战略目的：2025年达到市场排名中国第一，实现××亿元年收入，利润实现××亿元，新兴产品或者品类占比××%。

为了实现这些目标，战略举措（S）包括3点：2023年实现国外市场的重大突破，2023年取得技术突破，5年内孵化两个新兴产品或者品类。可见，聚焦方向是渠道、技术和新品。

而衡量指标（M）与战略举措对准，表现为相关的重要指标项，包括销售额、净收入、利润、新品类成功率、研发和产品投入占比、新渠道数、交付率等。

如果有需要，核心管理团队还可以共创未来5年的关键结果指标，作为更具体的指引，比如销售额从现在的3亿元增长为5年后的20亿元，就意味着年复合增长率至少为60%以上，这能使大家更直观地感受到要寻找多大体量的新增长点。

### 建议练习

请思考贵公司3～5年的战略规划，并填写下面的公司3～5年战略规划OGSM模板，如表4-2所示。这会帮助你学会如何进行战略解码。不用苛求全面，练习的重点在于锻炼你的思维方式和学习使用这一实用工具。

表 4-2　公司 3~5 年战略规划 OGSM 模板

| 公司 3~5 年战略规划 OGSM | |
|---|---|
| 战略目的（**O**bjective） | |
| 战略目标（**G**oal） | |
| 战略举措（**S**trategy） | |
| 衡量指标（**M**easure） | |

## 4.2　会议1：战略解码共创会

我们一直强调"以终为始"，对公司规划来说，这一点也很重要。公司 5 年规划的目的就是"终"，对照未来的愿景对现状进行分析，寻找差距，再制订未来每一年的落地计划，一步步地缩短差距，才有可能实现长期愿景。所以，CEO 需要牵头召开以战略解码为主要目的的战略解码共创会（有些公司叫"战略共创会"），带领管理团队共创公司的年度规划，清晰地描述明年必须打赢的仗。这是统一高管们对各部门的期望，让公司的"落地一页纸"解码到部门的关键环节。

为什么需要描述"必须打赢的仗"？平衡记分卡的创始人罗伯特·卡普兰（Robert S. Kaplan）曾说："如果你无法描述它，就无法衡量它；无法衡量它，就无法管理它；无法管理它，你就做不到它。"这句大白话揭示了一个简单的道理：如果说不清楚，员工不可能听得懂，更不可能做得出来。把"必须打赢的仗"描述清楚，员工不仅能清晰地了解组织未来的发展方向和目标，同时也能看到自己的工作与目标的结合点。

同时，公司的年度目标、策略重点等必须写成可被传阅、易于理解与方便讨论的有形文字，这是因为，如果只是进行口头传达，在沟通、下沉的过程中，必然会出现很多信息的递减、错漏，各部门、各层级的方案裂变就无法确保方向一致。

### 4.2.1 高管共创公司年度规划一页纸

战略解码共创会应该怎么开呢？我总结了以下操作指南供大家参考。

**1. 参会人员：听得懂战略的少数关键人**

CEO、合伙人、各部门负责人、核心骨干等，总人数控制在5～20人。

**2. 会议形式：共创会**

各部门齿轮相扣、环环联动，才有了企业的良性运转。同样，战略执行也离不开各部门、各层级的配合。**真正有效的战略执行，应该是企业整体层面的一系列步调协同一致的计划和行动。**所以，战略解码共创会最好由一把手带着核心人员一起思考、讨论，最终形成共识，再由一把手拍板决策。通过这样的共创过程，各层级、各部门才能更好地理解战略，实现思维同频、彼此拉通，公司的年度规划在向下传递、执行落地时才不容易走样。

**3. 会议议题**

会议议题主要包括以下五部分：

- 公司年度规划
- 部门年度规划
- 全面预算启动会（共建）
- 公司记分卡（共担）
- 年终奖设计方向（共享）

**4. 会议流程**

- 参会人提前完成行业分析和业务复盘，带上相应数据供判断取舍。
- 共创公司年度规划一页纸，通过"OGSM+动人天成"描述"必须打赢的仗"，这一步又可以分为两个环节：①讨论、分析公司年度规划一页纸的各要素，包括目的、目标、策略、衡量、"动人天成"等；②分2~3个小组，在小组内部对每一个要素进行讨论并形成共识，然后在大组里分享小组意见，最后由总经理根据大家意见查缺补漏，分享自己的意见，对各个要素逐一做决策。
- 撰写各部门年度规划一页纸初稿，确认参会人理解公司对各部门的期望。
- 讨论确定是否启动全面预算（共建）。
- 讨论确定是否启用公司记分卡（共担）。
- 讨论确定年终奖设计方向，比如是否将部门组织绩效与年终奖挂钩（共享）等。

**5. 会议时长及场地**

战略解码共创会以2~3天为宜，充足的讨论才能形成更广泛的共识、制定更有效的决策。会议应尽量不要在公司的办公室里召开，最好选择环境比较开阔的封闭场所，比如外租的会议中心、郊区的酒店等，这样可以免受日常事务的干扰，确保讨论的质量。"磨刀不误砍柴工"，公司每年的战略方向值得花时间好好捋清楚，如果战略不清导致各部门各行其是，公司的时间、精力和资源都会产生更大的浪费。

**实操技巧**

①**切记要高管共创，而不是CEO直接说了算。**

创业公司多以创始人、合伙人为火车头，容易形成"一言堂"的决策模式。如果CEO直接说了算，那只是自上而下地通达，起不到群策群力的作用。

②**建议设置引导师，帮助构建共创氛围及把握决策时机。**

引导师的作用在于引导大家敞开心扉讲真话，不回避敏感话题和问题。俗话说"外来的和尚好念经"，引导师最好由经验丰富的企业管理咨询师担任，他们能深度介入会议，对参会人进行有效引导。除此之外，由企业战略部的资深人员来引导流程也是不错的选择。总之，该会应由CEO发起，但不应该由CEO主导。

通过战略解码共创会，公司的年度规划一页纸得以完成。下面，我们以佳美公司为例，来看看年度规划一页纸应该是什么样子的。

在制定了5年战略后，佳美公司CEO朱总牵头召开了公司的战略解码共创会，他和核心高管一起讨论、共创了公司的年度规划一页纸，如表4-3所示。

表 4-3  佳美公司 2022 年年度规划一页纸

| 目的 (Objective) | 目标 (Goal) | 策略 (Strategy) | 衡量 (Measure) | 行动 (Action) | 负责人 (Responsible person) | 哪天 (Time) | 是否完成 (Check) |
|---|---|---|---|---|---|---|---|
| 通过打造新爆品和渠道深挖，成为家用美容仪类的行业增长快速领导者 | •市场份额：x%（+x%） | 通过细分顾客、孵化新品类、新爆品 | •新品销售额：x元（+x%）<br>•新品市场排名：对标Top竞品 | 1. 制订新品研发计划<br>2. 输出年产品规划<br>3. 制订爆品孵化计划<br>4. 构建新业务孵化的财务模型 | 研发部负责人<br>产品部负责人<br>市场部负责人<br>财务部负责人 | ×月×日<br>×月×日<br>×月×日<br>×月×日 | |
| | •销售额：x亿元（+x%）<br>•利润：x亿元（+x%）<br>•千万级爆品：x个<br>•新渠道销售占比：x%（+x%） | 通过深挖渠道机会，加速规模增长 | •重点渠道销售额：x亿元（+x%）<br>•新客户收入：x亿元 | 1. 制订挖客户深耕细作计划<br>2. 制订新渠道、新客户开拓计划<br>3. 制订用户持续增长计划<br>4. 制订客服价值提升计划 | 销售部负责人<br>销售部负责人<br>销售部负责人<br>销售部负责人 | ×月×日<br>×月×日<br>×月×日<br>×月×日 | |
| | | 打造卓越的运营能力：行业领先的产品开发、采购、质量、交付 | •利润率：x%<br>•研发成本下降率：x%<br>•产品质量：对标行业TOP2<br>•交付率：x% | 1. 构建端到端的产品开发流程和体系IPD<br>2. 制订有竞争力的产品成本计划<br>3. 制订领先的产品质量计划<br>4. 制订满足业务需求的交付计划 | 研发部负责人<br>采购部负责人<br>质量部负责人<br>供应链部门负责人 | ×月×日<br>×月×日<br>×月×日<br>×月×日 | |
| | | 通过构建一体化的工作体系统、提高跨部门协同效率 | •项目按时完成率：x%<br>•数据系统覆盖公司目标率：x% | 1. 制订支持未来5年发展的ERP计划<br>2. 制订CI市场分析系统计划 | IT部门负责人<br>IT部门负责人 | ×月×日<br>×月×日 | |
| | | 通过高效的绩效机制，新业务团队的打造，提升组织战斗力 | •项目按时完成率：x%<br>•人员流失率：x%（-x%） | 1. 获取分享制导入绩效机制<br>2. 制订新业务团队打造计划 | HR负责人<br>HR负责人 | ×月×日<br>×月×日 | |

从佳美公司2022年年度规划一页纸可见，公司的目的是"通过打造新爆品和渠道深挖，成为家用美容仪品类快速增长的行业领导者"。目的的关键词是"爆品""渠道深挖""行业领导者"，于是，目标项进行了相应的设置，"市场份额""销售额""利润"对应的是"行业领导者"，"千万级爆品"对应的是"打造新爆品"，"新渠道销售占比"对应的是"渠道深挖"，各项既包含绝对值，又包含相对增长值。

策略承接了佳美公司长期战略的三个关键词，即"新品""渠道""技术"，并细化为三条：第一，通过细分顾客，孵化新品类、新爆品；第二，通过深挖渠道机会，加速规模增长；第三，打造卓越的运营能力——行业领先的产品开发、采购、质量、交付。除此之外还有两条策略，是关于工作效率与组织运营的。

在此，我们对第一条策略进行详细展开：关于孵化新品的策略，"做好"的标准是什么呢？衡量对应地设置为"新品销售额：×元（+×%）"和"新品市场排名：对标Top竞品"，如果达到了这些指标，新品策略就是成功的。该如何做呢？具体行动有4条：新品研发计划由研发部负责人输出，年产品规划由产品部负责人输出，爆品孵化计划由市场部负责人输出，新业务孵化的财务模型由财务部负责人输出。这个过程其实也是授权和分任务的过程。

如果只有前面的目的、目标、策略和衡量，没有后面的行动计划，各部门还是不知道如何干。只有制订了具体计划，战略才被翻译成明确要做的事，部门负责人才能带着团队承接战略、共创部门年度规划。

在以上案例中，灰色标注的策略是销售部需要承接的"通过渠道深挖机会，加速规模增长"，在下一节中我们将会用它来举例，学习公司战略是如何被部门承接甚至"抄"下去的。

### 4.2.2 输出部门年度规划一页纸

"落地一页纸"的实操重点是目目策量，层层传递；分解行动，重点打通。而"抄"是层层传递的重要方式，要牢记3个必抄项：

- 上级的相关策略、衡量是下级的目的、目标。
- 上级的目的、目标如果是由某下级主导的，那么也将成为下级的目的、目标。
- 上级的重点行动将被分解、细化为下级更多的行动。

佳美公司在公司层面的相关战略就是这样被下级的销售部"抄"下去的，如表4-4所示，其中灰色标注部分就是承上启下的必抄项。

表 4-4 佳美销售部 2022 年年度规划一页纸

| 目的<br>(Objective) | 目标<br>(Goal) | 策略<br>(Strategy) | 衡量<br>(Measure) | 行动<br>(Action) | 负责人<br>(Responsible person) | 哪天<br>(Time) | 是否完成<br>(Check) |
|---|---|---|---|---|---|---|---|
| 通过深挖渠道机会，加速规模增长 | 1.市场份额:×%(+×%)<br><br>2.销售额:×亿元(+×%) | 深挖渠道机会——通过深度服务大平台用户、战略合作拓展规模 | ·销售额:×元<br>·各平台市场排名:提升1位<br>·重点客户SKA增长率:+×% | 提交分平台一页纸计划:<br>1.天猫:SKA级运营，引领公司和客户开展以大平台为基础的全方位协作 | 1.天猫负责人A | ×月×日 | |
| | | | | 2.京东:拓展规模目标人群，优化推广效率 | 2.京东负责人B | ×月×日 | |
| | | | | 3.社交电商:扩渠道，提效率 | 3.社交电商负责人C | ×月×日 | |

第4章 公司规划：高层共识，左右拉通

（续）

| 目的<br>(Objective) | 目标<br>(Goal) | 策略<br>(Strategy) | 衡量<br>(Measure) | 行动<br>(Action) | 负责人<br>(Responsible person) | 哪天<br>(Time) | 是否完成<br>(Check) |
|---|---|---|---|---|---|---|---|
| 通过深挖渠道机会，加速规模增长 | 3.千万级爆品：×个<br>4.新渠道销售占比：×%（+×%）<br>5.重点渠道销售额：×亿元（+×%）<br>6.新客户收入：×亿元<br>7.销售费率：×%<br>8.预测准确率：×% | 深挖渠道机会——通过开拓新渠道，获得新增长曲线 | ·新渠道销售额：×亿元<br>·新开高潜客户占比：×% | 1.提交新渠道开拓计划（线上、线下）| 新渠道负责人D | ×月×日 | |
| | | | | 2.新运营模式运行：试水跨境电商 | 新渠道负责人D | ×月×日 | |
| | | | | ... | ... | ... | |
| | | 通过标准化和聚焦关键新品，实现新品最大化 | ·新品销售额：×元<br>·新品在重点客户的市场排名：对标Top竞品 | 1.规范化新品上市节奏规划流程，重点新品全线启用新规范 | 1.新品运营负责人E | ×月×日 | |
| | | | | 2.重点新品分产品上市计划通过审批 | 2.各产品运营负责人F/G/H | ×月×日 | |
| | | | | ... | ... | ... | |
| | | 构建"三化"用服体系，从而提升用户满意度 | ·项目按时完成率：×%<br>·售后全链路时长：×小时（-×%） | 1.数据化、智能化、标准化的用户服务中心启动 | 用户服务中心经理I | ×月×日 | |
| | | | | 2.售后标准和跨部门协作机制建立和运转 | 用户服务中心经理I | ×月×日 | |
| | | | | ... | ... | ... | |
| | | 建立统一的运作体系和标准化工具，提升效率 | ·项目按时完成率：×%<br>·预测准确率：×% | 1.跨部门沟通流程通达：包括S&OP、预测需求、市场部财务预算 | 1.销售部负责人J | ×月×日 | |
| | | | | 2.建立并启用标准工具：营销费用管理工具等 | 2.数据主管K | ×月×日 | |
| | | | | ... | ... | ... | |

**① 上级的相关策略、衡量是下级的目的、目标。**

公司的第 2 条策略是"通过深挖渠道机会，加速规模增长"（见表 4-3），需要销售部负责，于是，销售部直接将其抄下来作为部门的目的。公司这条策略的衡量是"重点渠道销售额：×亿元(+×%)"和"新客户收入：×亿元"，这两项被销售部直接抄下来作为部门的第 5 项和第 6 项目标。

**② 上级的目的、目标如果是由某下级主导的，那么也将成为下级的目的、目标。**

公司的目标除了利润，其他四项都由销售部主导负责，于是，销售部将其抄下来作为第 1～4 项目标。值得一提的是，有时上级的目标不一定由某个下级部门单独负责，比如"千万级爆品：×个"不仅由销售部负责，也由产品部负责，所以也会被产品部抄下去作为目标。

**③ 上级的重点行动将被分解、细化为下级更多的行动。**

佳美公司 2022 年年度规划一页纸第 2 条策略后的 4 个重点行动，被销售部分别抄了下来，并分解为颗粒度更细的行动。比如，公司级的行动"制订老客户深耕细作计划"被分解为销售部的策略"深挖渠道机会——通过深度服务大平台用户、战略合作拓展规模"后面的 3 个具体行动，即让天猫、京东和社交电商的负责人分别提交分平台一页纸计划，但给每个团队的指引重点是不一样的。

再比如，公司级的行动"制订新渠道、新客户开拓计划"被分解为销售部的策略"深挖渠道机会——通过开拓新渠道，获得新增长曲线"的几个具体行动，包括"提交新渠道开拓计划（线上、线下）""新运营模式运行：试水跨境电商"等。

**实操技巧**

①**不要抄漏。**

下级要确保将上一级的一页纸里由自己主导的项全都抄了下来,要认真检查上级的目的、目标、策略、衡量、行动等中需自己负责的部分是不是都已抄全。

②**除了抄,还需要延展。**

抄完后,本级的目的、目标就初步拟定出来了,但这并不意味着这些就已经足够全面,各部门还要结合本团队的业务问题点和机会点增加相关项。比如,佳美公司的销售部2021年经常发生两件头痛的事:一是缺货,二是花钱超标。为了2022年能达成公司对销售部的目标期望,销售部一定要把货和钱管好。于是,除了抄下来的目标外,销售部还增加了第7个目标"销售费率:×%"和第8个目标"预测准确率:×%"。

抄或许只需要10分钟,但抄完之后还有大量的工作要做,比如花时间商量如何做,研讨延展出更多的目标、策略、衡量和行动,这才是部门年度规划的重点。

③**策略既包括业务策略,也包括组织策略。**

业务最终还要靠人和组织来执行,所以,我建议至少要有一条组织策略是关于人才的选用育留和组织的标准、流程等的。如果没有配套的组织能力,业务目标将很难达成。

通过这样的过程,部门的年度规划就完全来自对公司年度规划的拆解、承接、延展。这样一来,对导致企业内耗的最常见的问题——"你部门的重点不是我部门的重点",就能从根源上避免了。

> **建议练习**

年度规划一页纸模板如表 4-5 所示,公司和部门都可以使用,还可以用作半年规划、季度规划等其他时间范围的一页纸模板。现在,请填写以下表格,练习制订你的计划。

表 4-5　××公司或××部门年度规划一页纸模板

| 目的<br>(Objective) | 目标<br>(Goal) | 策略<br>(Strategy) | 衡量<br>(Measure) | 行动<br>(Action) | 负责人<br>(Responsible person) | 哪天<br>(Time) | 是否完成<br>(Check) |
|---|---|---|---|---|---|---|---|
| 一句话构建成功画像 | 具象化的结果是什么 | 聚焦的实现路径是什么 | 用哪些具体指标来衡量策略的成功 | 列举出要执行的方案 | 谁负责 | 什么时间完成 | 标绿:能提前或按时完成<br>标红:将落后或风险不可控,很有可能无法按时完成<br>标黄:有风险但可控 |
| 文字描述 | 数据 | 文字描述 | 数据 | 分项目或分步骤 | 岗位+姓名 | 具体日期 | |
| | | | | | | | |
| | | | | | | | |
| | | | | | | | |
| | | | | | | | |
| | | | | | | | |
| | | | | | | | |
| | | | | | | | |
| | | | | | | | |
| | | | | | | | |
| | | | | | | | |
| | | | | | | | |
| | | | | | | | |
| | | | | | | | |
| | | | | | | | |

(续)

| 目的<br>(Objective) | 目标<br>(Goal) | 策略<br>(Strategy) | 衡量<br>(Measure) | 行动<br>(Action) | 负责人<br>(Responsible person) | 哪天<br>(Time) | 是否完成<br>(Check) |
|---|---|---|---|---|---|---|---|
| | | | | | | | |
| | | | | | | | |
| | | | | | | | |
| | | | | | | | |
| | | | | | | | |
| | | | | | | | |
| | | | | | | | |
| | | | | | | | |
| | | | | | | | |

## 4.2.3 成立全面预算委员会（共建）

在公司的战略解码共创会上，管理团队要讨论是否启动全面预算，共建企业资源配置方案。我的答案是肯定的，而且最好现场成立全面预算委员会、指定核心成员，并指派财务负责人为全面预算负责人。

每个公司都避免不了要分资源、分费用，有些公司不做预算，习惯开展一项业务就分一笔钱，这样很容易使资金失控：要么花超了费用，要么突然发现账上没钱了，不得不紧急砍费用，之后陷入恶性循环，无法完成业务目标。在电商公司，这一现象尤其明显，很多公司在前期花了很多钱去"种草"，中途却不得不砍费用，而砍费用又导致后面无法导流收割，没有收入。

其实，"凡事预则立，不预则废"，对公司而言，做预算是非常重要的。很多管理者心中会有这样的疑惑：做预算会限制业务发展和想象力吗？下面的这个案例或许能带来一些启发。

飞歌美妆是一家电商爆品运营公司，自成立后一直处于飞速扩张期，年均3倍增长，从创立到创造3亿元年营收只用了5年，而且，每次年初才定下的目标只用3个月就达到了。创始人说："我不需要预算！预算限制想象力，会限制公司的发展。"

去年，这家公司的人员从几十人迅速增长到200多人，公司体量变大后，沟通变得复杂、低效，组织上的各种弱点也显露出来：各种流程过于粗放，部门之间的沟通比较随意，口头承诺、信息断层情况经常出现。于是，各种状况层出不穷：供应链部门的产品交付在大促时掉链子，缺货和市场费用预备不足导致目标无法完成。这家公司的创始人这才意识到：没有规划和预算，才是限制公司进一步发展的真正短板。

业务要小步快跑，制度也要持续迭代。预算一定要有，即使刚开始时做得比较初级，也要先从无到有，等到积累更多经验后，预算会做得越来越好。全面预算启动会是"6个会议"中的第二个会议，后面我会详细介绍。

### 4.2.4 批准公司记分卡（共担）

在公司的战略解码共创会上，公司记分卡的启用及其负责人（建议由财务负责人担任）的指派是管理团队讨论的一个重要议题。

公司记分卡是关于结果指标的阶段跟踪表，是公司最重要的表格之一。它包括三种指标：公司指标、跨部门指标、各部门指标。把这些指标拆解成12个月的分月指标并跟踪是否达标，阶段性进展就有了可视性。

## 建议练习

公司记分卡的格式及示例如表 4-6 所示，你也参照这个表格来设计一下自己的记分卡吧。

表 4-6　公司记分卡的格式及示例

| 层级 | 承担部门 | 指标项 | 单位 | 去年达成 | 年度基础目标 | 年度挑战目标 | 1月目标 | 1月达成 | 2月目标 | 2月达成 | … | … | 12月目标 | 12月达成 | 统计口径 |
|---|---|---|---|---|---|---|---|---|---|---|---|---|---|---|---|
| 公司级 | 所有 | 市场份额 | % | 10% | 13% | 15% | 8% | 8.5% | 10% | 9.5% | | | | | 客户平台 |
| 公司级 | 所有 | 销售额 | 元 | | | | | | | | | | | | GMV |
| 公司级 | 所有 | 净收入 | 元 | | | | | | | | | | | | |
| 公司级 | 所有 | 息税前经营利润率 | % | | | | | | | | | | | | 经营报表 |
| 公司级 | 所有 | 人均产出 | 元/人 | | | | | | | | | | | | |
| 公司级 | … | … | … | | | | | | | | | | | | |
| 跨部门级 | 销售部计划部 | 预测准确率 | % | | | | | | | | | | | | |
| 跨部门级 | 销售部计划部采购部 | 库存周转天数 | 天 | | | | | | | | | | | | |
| 跨部门级 | 研发部质量部售后部 | 售后退货率 | % | | | | | | | | | | | | |
| 跨部门级 | 产品部研发部供应链部门 | 准时上线率 | % | | | | | | | | | | | | |
| 跨部门级 | … | … | … | | | | | | | | | | | | |

（续）

| 层级 | 承担部门 | 指标项 | 单位 | 去年达成 | 年度基础目标 | 年度挑战目标 | 1月目标 | 1月达成 | 2月目标 | 2月达成 | … | … | 12月目标 | 12月达成 | 统计口径 |
|---|---|---|---|---|---|---|---|---|---|---|---|---|---|---|---|
| 部门级 | 市场部 | 品牌知名度–微信指数 | | | | | | | | | | | | | |
| 部门级 | 市场部 | 营销效率–访客数 | 人 | | | | | | | | | | | | |
| 部门级 | 销售部 | 销售费率 | % | | | | | | | | | | | | |
| 部门级 | 销售部 | ROI | | | | | | | | | | | | | |
| 部门级 | 财务部 | … | … | | | | | | | | | | | | |
| 部门级 | 财务部 | … | … | | | | | | | | | | | | |
| 部门级 | HR | … | … | | | | | | | | | | | | |
| 部门级 | HR | … | … | | | | | | | | | | | | |
| 部门级 | 计划部 | … | … | | | | | | | | | | | | |
| 部门级 | … | … | … | | | | | | | | | | | | |
| 部门级 | … | … | … | | | | | | | | | | | | |
| 部门级 | … | … | … | | | | | | | | | | | | |
| 部门级 | … | … | … | | | | | | | | | | | | |
| 部门级 | … | … | … | | | | | | | | | | | | |
| 部门级 | … | … | … | | | | | | | | | | | | |

公司指标和各部门指标的来源是公司年度规划一页纸和部门年度规划一页纸里的目标（G），这些指标代表着该团队最重要的价值贡献，即组织绩效。

跨部门指标是指同一个指标项受两个或两个以上部门的影响，应和多个部门的考核挂钩的指标。跨部门指标应由多个部门共同承担，从而保持关键执行点的行动一致。"部门墙"的产生通常是因为各个部门"屁股决定脑袋"，而同一个指标责任共担使大家都坐在一起，思考的角度和方式也会因此更加接近。

比如在开展大型营销活动前，销售部总是想多备货，提高销售量，这样可以使销售部成员在冲杀在一线时没有后顾之忧，而他们对后端的生产和库存并不关心；计划部、生产部则通常不愿意过多备货，对这些部门来说，库存健康度是关键考核指标，而备货过多会带来库存积压风险。实际上，我们看到过很多公司的倒闭，主要原因之一是库存的不合理致使现金流断掉。跨部门指标的存在可以减少这些矛盾冲突。把备货量预测准确率作为销售人员的考核指标，会提高销售部对备货量合理性的重视程度，从而使预测准确率与实际情况更加接近。

根据过去 20 年的亲身经历，以及在做管理辅导时对众多跨部门扯皮事件的观察，我发现，如果以下 7 项指标能由相关部门共担，公司内部的跨部门协作情况会得到立竿见影的改善，实现停止内耗、行动一致。

- 预测准确率
- 库存周转天数
- 成本率
- 售后退货率
- 准时上线率
- 交付周期
- 新品销售额

如何确定哪些指标需要跨部门共担？我建议由各部门负责人草拟提案，对于那些经常出现扯皮或"踢皮球"的事项，提出需要设置相关跨部门指标的建议，再由总经理从公司层面进行衡量，最终做出决策。

### 建议练习

请结合你们公司的实际情况，来思考哪些指标需要共担。你可以在下一次的管理团队例会上进行提议、讨论。

有了以上3种指标（公司指标、跨部门指标、各部门指标），公司记分卡的元素就完整了。接下来要做的是每个月跟进阶段性的结果，如果指标没达到，就在相应的位置标红色（例如"2月达成"列）。

公司记分卡是企业运转是否健康的仪表盘，哪里有问题一目了然。值得一提的是，其中的指标并非全部用于考核（虽然关键绩效指标也可以从中抽取）。如同用体检报告可以帮助医生进行病症诊断一样，通过公司记分卡，管理层可以监测公司的运转情况，及时发现问题，并针对问题分析原因、采取行动，让过程管控有明确的抓手。

最后，公司记分卡的指标不是设定之后就一劳永逸的，我建议管理团队周期性地回顾公司记分卡数据，及时调整举措，让仪表盘显示从不健康不断趋向健康：

- 公司级+跨部门指标：月度回顾，可在月度经营分析会上进行。
- 部门指标：月度报告+季度述职，可发送月度报告给管理团队，且部门负责人需每季度向总经理述职。

### 4.2.5 确定部门绩效与年终奖挂钩（共享）

在战略解码共创会上，管理团队还要商量年终奖方案的设计方向。我建议将部门组织绩效与年终奖挂钩，部门所获得的年终奖份额由其价值贡献决定，并由部门中每个成员共享。也就是说，团队共创组织绩效，一年后部门目标的达成程度与部门奖金的多少高度相关，部门中每个人的利益都会因此受到影响，这会激励每个人为部门目标的实现而努力。

商定好年终奖方案的设计方向后，管理团队可以把设计年终奖方案的任务指派给人力资源部门具体负责。

很多时候，战略之所以无法落地，是因为员工没意识到目标和自己有关系。他们只凭自己的理解做自己认为重要的事情，而他们所理解的重点和管理层真正想传达的重点是不一样的。当组织绩效与个人收入有直接关系时，才会牵引员工更加关注部门目标。"落地一页纸"的层层拆解，使他们更清楚什么是自己应该做的事、什么是对自己有利的事情，也使他们更主动、积极地去执行这些事情。如此一来，公司中的每个人就能因为利出一孔而力出一孔了。

## 4.3　根据战略定位设定"3赢"的战略目标

公司的目标应该如何设定？有位创始人曾经告诉我，他公司的目标是拍脑袋拍出来的，就连他自己也说不清楚为什么是这个数字，所以，目标时常得不到团队的认同，大量的时间被浪费在讨价还价上。

其实，团队需要的不是一个数字，而是这个数字背后的意义。说清楚这一点，就能让大家把时间和精力都放在为目标而努力上，让奋斗有方向，让工作有意义。为了解决以上问题，我有以下两个建议。

**1. 目标设定需要符合"3赢原则"**

设定目标要有准确的定位才能事半功倍，而目标定位的出发点应该是"赢"。想清楚要赢过谁，也就明确了目标是什么。

要赢谁？**目标设定需要符合"3赢原则"：跑赢大盘，跑赢竞争对手，跑赢自己，至少要赢其中一个。**在设定每一个目标时都应该思考清楚选择和谁对标，也就是要赢谁，这是让人奋进的积极性动机。"3赢原则"适用于个人、团队、公司等。在公司中，管理者需要与员工沟通这些关键共识，包括Why、What、How。

（1）Why：为什么要赢

**增长的公司才有"钱"途！**不增长的公司每时每刻都面临着巨大的危险，有增长才有"钱"途，赚了钱才有钱分。如果起点都不是赢，怎么可能有增长？公司没赚钱，哪里来的钱给大家分？

（2）What：行为要求

**要大家"谁也不赢"的目标根本就不应该提出来。**谁也不赢的目标，换句话说，就是输给所有人的目标。在做公司高管时，我经常问下属这句话："你的目标赢谁了？"如果他回答不上来，我会要求他回去认真思考，找到答案后再来找我谈。我还经常用一句话来点醒大家："目标不赢，脑子不动，要你何用？要我何用？"公司花钱请你来是帮助公司发展的，然而还在计划阶段，你给团队或自己的定位就是"要输给所有人"，那么这个岗位和你存在的意义何在？这样的目标更不值得我们浪费时间去讨论。

（3）How：你的价值在于怎样才能做到

精力应该放在寻找解决方案，而不是寻找理由对抗目标上。因为计划管理有两个最重要的特性。第一，目标没有绝对合理，只能大致合理。因为目标是一种预测，在结果发生前无法断言是否合理。对待目标，不应该探讨合理性，而应该探讨必要性。第二，实现目标的行动必须合理，使资源、路径、时机满足目标达成的条件。最高效的做法就是，不和老板过多地讨论目标的高低，而是更多地讨论资源和方案。**遇水搭桥，逢敌亮剑，最终做到才能体现我们的价值！**

挑战更高的目标才能帮助公司获得更大的发展，对创业公司来说更是如此。无论是管理者还是员工，都要先定个调：不管选择跟谁比，出发点都是让自己变得更优秀。

现实中有这么一个有趣的现象：当管理者把"3赢原则"作为一个标准给到员工时，不同人的定位是不一样的，有人想给自己更大的挑战、要做第一，有人则认为只比去年好一点点就行。员工之间的差异由此便可见一斑。其实，正所谓"以终为始，借事修人"，一个人设置的目标就是他的"终"，既是业绩的"终"，也是个人发展速度的"终"。

最后，要特别提醒的一点是，"3赢原则"不是要求3个全部都赢。全赢当然最好，但很难，所以我们的要求是至少赢1个。假如市场下降了40%，我们能否做到只下降30%？虽然对比自己是下降的，但跑赢大盘，也算达到了"3赢"。至于赢的程度究竟如何，需要自己把握。

## 2. 战略目标应该来自战略定位

OGSM中的目标（G）是由目的（O）的关键词推导而来，目的就是定位，所以战略目标应该来自战略定位。要做到"以终为始"，需要想清楚"终"的战略定位到底是什么，这样才能使其后的规划始终围绕业务问题寻找解决方案。

根据"3赢原则"，有3种战略定位方式（以品牌为例）。

（1）跑赢大盘

每个细分领域都有领导品牌。在细分市场上做老大，是战略定位的方式之一。

怎么才能在细分市场做老大，跑赢大盘呢？答案可以是给自己的品牌找到所属的细分市场，做到第一或前十；也可以是自己创造一个细分市场，成为这个市场当之无愧的王者。在如今这个趋于饱和的市场环境中，只有名列前茅才能得到消费者的更多关注。如果你的品牌在某个大类目中排名第150，那它的市场知名度、客户认可度、员工支持度与名列前茅的品牌是完全不同的。

很多公司之所以家喻户晓，正是因为它们做到了这一点。

20年前，市场上还没有"厨电"这一概念，方太却极具前瞻性地创造了"厨电"这个细分市场，并将自身定位为厨电企业中的第一。通过不断的宣传，方太让所有人都记住了方太就是厨电老大。有了这样的定位，方太在和客户谈判或与供应商沟通时，就能获得更多关注和支持。

醋饮料"天地壹号"也是这方面的成功案例。醋饮料是清淡饮料的一个细分类目，这个分类在市场上原本是不存在的，天地壹号创造了这个概念，并不断地强化"天地壹号就是醋饮料老大"的定位。2021年春节，天地壹号还在广东的国道上竖起一块巨型广告牌，上面写着"欢迎可口可乐跟随我们做醋饮料——天地壹号"。要知道，可口可乐是世界级的饮料巨头，而天地壹号只是中国醋饮料的龙头。如此高调的举动，在快消界被传为一件趣事，商超、电商的采购、消费者都津津乐道：醋饮料老大天地壹号够牛，比可口可乐还要牛。在这个过程中，越来越多的人记住了天地壹号，它也因此获得了丰厚的市场回报。

简而言之，**要在小池塘里面当大鱼，不要在大池塘里面当小鱼，否则很容易被吃掉。**

值得注意的是，在哪个细分市场当老大至关重要，不是所有的细分市场都能使你获得被记住的机会与倾斜性资源。因此，管理者应将更多的时间和精力投入寻找适合的细分市场上，并根据企业的能力和未来潜力定好市场排名。完成了这一步，战略定位就确定了，战略目标也呼之欲出：要跑赢大盘，就是要跑赢这个细分市场，要使自己的增速大于该市场的增速，由此就能计算出战略目标。这样的战略定位也能有效地激发员工的斗志。

（2）跑赢竞争对手

跑赢竞争对手就要是打败头部，抢占头排。这一战略定位方式适用于公司增长相对稳定的扩张期。比如现在你的品牌在市场上排名第三，那你就瞄准排名第二的品牌来打，这叫具象化"共同敌人"，**这样做的好处是全公司所有人全年都瞄准一个点打，火力高度集中，效果明显。**

这个目标设定方法多次验证有效，尤其在电商公司中。

我曾为某个电动牙刷品牌设定目标，这家公司采用了我建议的"跑赢竞争对手"的战略定位方式。管理团队为每一个产品都找到了一个非常具体的竞争对手的单品作为竞品，与之对标，并要求公司的每个部门都研究竞品的各种打法，包括产品质量、供应链效率、运营方式等，还设置了专门团队盯着竞争对手的一举一动，以便及时应对或从各种维度主动狙击。当计划和执行都做到极致时，这家公司的产品表现与竞品相差无几，有些方面甚至超越了竞品。

通过不懈的努力，有一天这个品牌终于第一次在排名上超越了目标对手，管理团队及时公布了战绩，全员欢呼："这个月我们打赢了，下个月再接再厉！"高涨的士气使员工更加努力，接下来的几个月，这家公司的产品全都超越了竞品。因为流量有加持效应，这个品牌的销售总量当年打赢了竞争对手，一举荣登市场第二。

### （3）跑赢自己

跑赢自己就是和自己比，永远都追求进步。这种战略定位方式通常适用于尚无市场数据、体量相对较小、处于验证期的公司。如果你的品牌在某个细分赛道已经是第一了，该怎么定目标呢？可以参考以下两种方法。

第一，要比过去最优秀的自己还要优秀。

如果你的公司之前的最快增速是3倍增长，那么，你可以考虑将明年的目标设定为4倍增长。赛道太细，虽然你跑得快，但不一定稳。作为赛道第一，你的品牌其实代表着市场前景。大数据时代，快速增长的好赛道会迅速涌入大量竞争对手，他们的基数更小，所以增速更快。曾经让你成功的3倍增长，会变成竞争对手设定的最低目标。如果你不能比过去的自己更优秀，其他品牌或许就会比你更优秀。

第二，拉开与第二名的差距。

如果你的品牌现在只比第二名多5%的市场份额，能不能把目标定为与它拉开更大的差距（比如比第二名多10%）？做到第一不容易，但守住第一更难。不能只满足于赢对手，还要追求一骑绝尘地赢，唯有如此，才能时刻保持赢的状态。

**实操技巧**

①定位不变，数字可变。

战略定位在一年内通常是不变的，但当大盘实际涨幅和预测不一样时，切记不要墨守定位，要适当地调整之前计算出来的目标数字，敏捷地响应市场变化，从而确保全年真正跑赢。

举个例子，一家公司的战略定位是市场排名第三，并且这家公司根据30%的大盘增幅预估了自己的目标数字。但市场变化万千，大盘增幅实际上可能是50%，为了确保能达成战略目的，保持战略定位不变，这家公司就要对目标数字进行调整。

一个值得注意的避坑点是，在告诉员工要调整目标数字时，也要告诉他们战略定位没有变。很多高管包括CEO都没有这个习惯，导致员工经常会产生这样的困惑："怎么好不容易实现了原来的2倍增长目标，下个月就把目标提高到3倍增长了？老板真是没有信用！这摆明了就不想让我挣到奖金嘛！"实际上，战略定位没有变，调高目标只是因为整个市场的增速变得更快了。管理者一定要养成良好的职业习惯，及时且清楚地告诉大家为什么调整目标数字。员工如果了解战略定位的意义及定位与目标数字的关系，感受会完全不一样。

②要设置两个目标，即基础目标和挑战目标。

基础目标是跳一跳就能够得着的，能保证基本的销售和利润，是维持公司运转的健康线，能让员工相对容易地拿到奖金，避免人才过多流失。更高的挑战目标则能让全员士气高涨，凝聚力量为同一个使命奋斗，使他们的工作充满价值感。正所谓"梦想还是要有的，万一实现了呢？"需要注意的是，两个目标都应该符合"3赢原则"。

除此之外，管理者还应该采取一些措施牵引员工在完成基础目标后主动向更高的挑战目标进发，比如激励方案、销售竞赛等。给予员工阶梯式的物质增量刺激或者鲜花、荣誉、掌声等精神肯定（直白一点就是利或名），都能牵引他们追求更高的目标。在追求目标的过程中，千万不要忽视人性，单靠喊口号是无法激发员工的热情的，更无法使其真正行动起来。

## 4.4 会议2：全面预算启动会

战略目标不是单靠业务部一个部门的努力就能实现的。前端的旧品升级、新品上市、市场营销、货品到仓等事项，需要后端无数次的跨部门协调与配合。研发部、采购部、质量部、仓储部、物流部、客服部等每一个部门都要朝着同一个目标、同步调地行动，才能实现整个公司的环环相扣、齿轮联动。仅靠几位高管的安排与协调是无法实现各部门的有效配合的，只有全盘的规划、规范的流程和有条不紊的管理节奏，才能使公司获得良性的自动运转。全面预算就是使跨部门实现有序协同的最好抓手，全面预算启动会也因此成为 6 个关键的业务会议之一。全面预算包含的内容非常丰富，一般主导部门为财务部，本书只讨论与业务部相关、各部门都需要参与的实操内容。

### 4.4.1 全面预算启动会的操作指南

如果在公司的战略解码共创会上已确定要启动全面预算，那么，接下来就要开公司层面的全面预算启动会。以下是开好全面预算启动会的操作指南。

**1. 参会人员**

全面预算项目组董事及项目成员通常包括 CEO、合伙人、一级部门的负责人、项目经理等。

**2. 会议目的**

正式启动全面预算项目，通达全面预算的任务，明确分工和关键里程碑及交付物等。

**3. 会议流程**

- CEO 分享全面预算的目的及管理团队对全面预算的期望。
- 项目经理宣布启动全面预算，并宣讲项目章程里的重点内容，包括预算的目的、分工、执行原则、实施流程等。
- 项目经理提供统一的费用预算工具包并进行讲解赋能，费用预算工具包包括目标设定模板、预算计划模板、"落地一页纸"模板以及其他重点输出工具。
- 提问及答疑。

## 4.4.2 全面预算的目的、组织结构和分工、执行原则、实施流程

全面预算是指对一定时期（一般为一年）内公司的整体经营活动和财务表现的总体预测，是对公司战略规划的一种正式的、量化的表述，也是一套系统的管理方法，既分配和调度了公司的人、财、物等资源，也管控着公司级别的 OGSM 中的目标和衡量的健康度。

**1. 全面预算的目的**

全面预算的目的有 6 个：

- 细化公司战略和年度运营计划
- 为员工设立一定的行为标准，明确努力方向
- 为公司实施绩效管理奠定基础
- 作为分配与调度资源的重要依据之一
- 监控运营活动，及时发现和解决问题，降低日常经营风险
- 加强对支出的管控，有效降低运营成本

**2. 全面预算的组织结构和分工**

全面预算的"全面"指的是全面性、全员性、全程性，不过，如果你的公司是创业公司，我建议做简化版的全面预算。但是，即使是简化版的全面预算，也要至少做到让一级部门和二级部门都参加。

全面预算的组织结构和分工，如表 4-7 所示。

表 4-7 全面预算的组织结构和分工

| 角色 | 部门 | 分工 |
| --- | --- | --- |
| 预算决策委员会 | 虚拟组织，主要由 CEO、核心管理团队组成 | 制定公司战略，审批部门目标、部门预算 |
| 预算管理职能部门 | 财务部 | 负责预算管理的具体组织实施、预算的分析汇总、预算的监督和考核 |
| | 人力资源部 | 人力资源规划，统筹公司人力、行政资源投入，辅助制订奖惩方案和绩效承诺书 |
| 预算管理责任部门 | 一级部门 | 组织和管理一级部门制定目标，计划资源投入，对结果负责，签订组织绩效书 |
| 项目经理 | 财务部负责人或指定的资深财务经理 | 作为全面预算项目一条龙的经理，对项目从发起、设计、启动、执行到复盘、总结的全过程进行统筹 |

预算是必需的，只是不同的公司需要的预算的深度和广度是不一样的。不过即使预算需要进行到子团队甚至到个人岗位的细度，整个全面预算项目中最核心的角色和分工在表 4-7 中也已经包括了。

### 3. 全面预算的执行原则

公司和部门的"落地一页纸"是全面预算的重要抓手，既能帮助各部门确认组织绩效指标，也能聚焦业务重点从而使资源得到更好的配置。我经常说，"目标决定资源，资源影响目标"，就是建议管理者在做基于"落地一页纸"的全面预算时要遵循以下 4 条执行原则。

（1）没有对标，不要谈目标

没有对标，就无法判断目标是高还是低、是否符合"3 赢原则"。

不能回答"要赢谁"这个问题的目标,不是一个好目标。相对值才能充分说明目标的价值。

(2)没目标,就没资源

目标不通过,就不该批准费用,要做到"无目的不沟通,无目标不行动"。如果不清楚目的、对目标也没有共识,费用却审批了,那么,钱花了之后就无法判断是否达标,也无法指导下次同样的事是否值得做。为了"踩坑学费不白交,成功经验要沉淀",应该从源头上就坚持不做没目标的事。

(3)资源带要求

有了清晰的目标、资源被批准后,负责人应输出该事项的"落地一页纸"。任何项目都应该有目的、目标、策略、衡量,准备分哪几步来进行,哪些重要里程碑事件预计在什么时候完成等都要在计划之中。

(4)结果要回顾

项目完成后,要及时回顾目标是否实现、ROI情况如何、策略是否有效、衡量指标有否达成,还要复盘在项目执行过程中哪些地方做得好、哪些地方做得不好,这些都会成为公司的宝贵经验。创业公司的成长通常是螺旋式上升的,每一步的成长都是用真金白银买回来的。只有每次都总结、沉淀经验,学费才交得值!

### 4. 全面预算的实施流程

部门"落地一页纸"中的年度目标贯穿了全面预算的整个实施流程,主线为制定目标→目标评审→预算计划→资源评审→签绩效书→修正和执行管理。具体的实施流程与步骤可以进一步细化,如图4-1所示。

| 1 | 2 | 3 | 4 | 5 | 6 | 不定期 | 每月一次 |
|---|---|---|---|---|---|---|---|
| 预算准备 | 预算启动 | 部门提交 | 目标评审会 | 预算初评 | 资源评审会 | 预算修正 | 执行管理 |
| 1.预算组织定义<br>2.预算分工<br>3.预算模板<br>4.产品规划表<br>5.历史财务信息整理 | 1.预算启动会<br>2.业务规划模板分发<br>3.指标定义模板分发<br>4.财务模板分发 | 1.一级部门内部回顾<br>2.部门提交整体预算资料 | 1.分部门汇报"落地一页纸"<br>2.预算决策委员会评审部门目标 | 1.部门提交预算计划<br>2.财务部输出分析和资源配置建议<br>3.预算决策委员会讨论后,意见反馈给一级部门 | 1.部门提交调整后的预算计划<br>2.预算决策委员会现场评审重要投资项<br>3.预算颁布<br>4.通达奖惩制度 | 1.根据月度预算执行情况,由责任部门提起预算调整申请<br>2.预算决策委员会审批 | 1.定期通报各部门预算执行情况<br>2.差异率达到±20%时,触发预警机制 |

图 4-1　全面预算实施流程和步骤

值得强调的是两个会议——确定目标的目标评审会和确定预算的资源评审会,我建议预算决策委员会和各部门负责人都参加这两个会议,大家共同讨论、直接反馈真实意见,才能真正实现各部门的左右拉通以及目标与资源的匹配。

### 4.4.3　统一的费用预算工具包

启动全面预算时,财务部一定要提前准备好统一的费用预算工具包,由项目经理正式通达,要求各部门必须用标准模板填写。这一环节是必不可少的,无数创业公司因为忽视了这一点而踩了坑。

如果没有统一的模板,没有在各指标的定义、取值范围和数据源上达成共识,即使各部门加班加点地做好了预算计划,财务部也只能无奈地要求大家重做。因为每个部门的关注焦点是不一样的,取值范围也不一样,数据无法汇总分析。以"销售额"这个指标为例,在制订预算计划时,销售部在"销售额"这一栏中通常填的是他们最关心的毛销售额,而财务部填的则是净收入,这两者不是用一个简单的公式就能换算过来的,要把每个单品的毛销售额分别减去相关的成本、分摊的营销费用、合同折扣等再累加，才能算出来。又比如，销售部获取数据较快，提交的"年至今数据"是1月至预算当月的数据，而其他部门一般滞后1~2个月才能获取到相关数据，这导致不同部门交来的数字不能直接相加。

### 建议练习

预算工具包中应包含以下3种最核心的标准模板，表格简单实用，你也试着做做自己的预算吧。

**1. 年度规划一页纸模板**

这一模板在上文中已经提供（见表4-5），它是构建年度规划的框架指引。

**2. 目标规划模板**

目标规划模板分别从渠道和产品系列来做目标规划，如表4-8、表4-9所示。每个模板都包括了下一年的销售额GMV目标、增长率目标，并拆解到月份目标、季度目标的绝对值和增长率；同时也提供了上一年的历史数据，方便随时查找计算。实操时分产品、分店铺运营，指派专人负责，统一沟通窗口和数据源。

表4-8　分渠道目标规划模板

| 渠道 | 2023年销售额GMV目标 | | | | | | | | | | | | 合计 | 占比 | 季度目标 | | | |
|---|---|---|---|---|---|---|---|---|---|---|---|---|---|---|---|---|---|---|
| | 1月 | 2月 | 3月 | 4月 | 5月 | 6月 | 7月 | 8月 | 9月 | 10月 | 11月 | 12月 | | | 第一季度 | 第二季度 | 第三季度 | 第四季度 |
| 天猫 | | | | | | | | | | | | | | | | | | |
| 京东 | | | | | | | | | | | | | | | | | | |

（续）

| 渠道 | 2023年销售额GMV目标 | | | | | | | | | | | | | | 季度目标 | | | |
|---|---|---|---|---|---|---|---|---|---|---|---|---|---|---|---|---|---|---|
| | 1月 | 2月 | 3月 | 4月 | 5月 | 6月 | 7月 | 8月 | 9月 | 10月 | 11月 | 12月 | 合计 | 占比 | 第一季度 | 第二季度 | 第三季度 | 第四季度 |
| 社交电商 | | | | | | | | | | | | | | | | | | |
| ... | | | | | | | | | | | | | | | | | | |
| 合计 | | | | | | | | | | | | | | | | | | |

| 渠道 | 2023年增长率目标 | | | | | | | | | | | | | 季度增长率 | | | |
|---|---|---|---|---|---|---|---|---|---|---|---|---|---|---|---|---|---|
| | 1月 | 2月 | 3月 | 4月 | 5月 | 6月 | 7月 | 8月 | 9月 | 10月 | 11月 | 12月 | 全年同比 | 第一季度 | 第二季度 | 第三季度 | 第四季度 |
| 天猫 | | | | | | | | | | | | | | | | | |
| 京东 | | | | | | | | | | | | | | | | | |
| 社交电商 | | | | | | | | | | | | | | | | | |
| ... | | | | | | | | | | | | | | | | | |
| 合计 | | | | | | | | | | | | | | | | | |

| 渠道 | 2022年销售额GMV历史数据 | | | | | | | | | | | | | | 季度达成 | | | |
|---|---|---|---|---|---|---|---|---|---|---|---|---|---|---|---|---|---|---|
| | 1月 | 2月 | 3月 | 4月 | 5月 | 6月 | 7月 | 8月 | 9月 | 10月 | 11月 | 12月 | 合计 | 占比 | 第一季度 | 第二季度 | 第三季度 | 第四季度 |
| 天猫 | | | | | | | | | | | | | | | | | | |
| 京东 | | | | | | | | | | | | | | | | | | |
| 社交电商 | | | | | | | | | | | | | | | | | | |
| ... | | | | | | | | | | | | | | | | | | |
| 合计 | | | | | | | | | | | | | | | | | | |

表4-9 产品系列目标规划模板

| 产品 | 2023年销售额GMV目标 | | | | | | | | | | | | | | 季度目标 | | | |
|---|---|---|---|---|---|---|---|---|---|---|---|---|---|---|---|---|---|---|
| | 1月 | 2月 | 3月 | 4月 | 5月 | 6月 | 7月 | 8月 | 9月 | 10月 | 11月 | 12月 | 合计 | 占比 | 第一季度 | 第二季度 | 第三季度 | 第四季度 |
| 系列1 | | | | | | | | | | | | | | | | | | |
| 系列2 | | | | | | | | | | | | | | | | | | |
| 系列3 | | | | | | | | | | | | | | | | | | |
| ... | | | | | | | | | | | | | | | | | | |
| 合计 | | | | | | | | | | | | | | | | | | |

（续）

| 产品 | 2023 年增长率目标 | | | | | | | | | | | | | 季度增长率 | | | |
|---|---|---|---|---|---|---|---|---|---|---|---|---|---|---|---|---|---|
| | 1月 | 2月 | 3月 | 4月 | 5月 | 6月 | 7月 | 8月 | 9月 | 10月 | 11月 | 12月 | 全年同比 | 第一季度 | 第二季度 | 第三季度 | 第四季度 |
| 系列 1 | | | | | | | | | | | | | | | | | |
| 系列 2 | | | | | | | | | | | | | | | | | |
| 系列 3 | | | | | | | | | | | | | | | | | |
| … | | | | | | | | | | | | | | | | | |
| 合计 | | | | | | | | | | | | | | | | | |

| 产品 | 2022 年销售额 GMV 历史数据 | | | | | | | | | | | | | 季度达成 | | | |
|---|---|---|---|---|---|---|---|---|---|---|---|---|---|---|---|---|---|
| | 1月 | 2月 | 3月 | 4月 | 5月 | 6月 | 7月 | 8月 | 9月 | 10月 | 11月 | 12月 | 合计 | 占比 | 第一季度 | 第二季度 | 第三季度 | 第四季度 |
| 系列 1 | | | | | | | | | | | | | | | | | |
| 系列 2 | | | | | | | | | | | | | | | | | |
| 系列 3 | | | | | | | | | | | | | | | | | |
| … | | | | | | | | | | | | | | | | | |
| 合计 | | | | | | | | | | | | | | | | | |

### 3. 费用预算模板

对于费用预算，也应该给出清楚的定义，并且用统一的表格。根据前面两张表格（见表 4-8、表 4-9）的目标和策略重点行动，可以输出费用预算统一模板和示例，如表 4-10 所示，可以用它来申请和审批费用。当然，不同的公司的预算范围是不同的，你的公司具体要做到几级科目、到几级部门，应根据公司的具体情况而定。但每一项都必须清晰标注核算范围的解释和定义，帮助各部门统一理解、统一取值范围，从而实现有效的跨部门沟通，使公司上下都使用同一套数据进行分析和决策。

表 4-10 费用预算统一模板和示例

| 一级科目 | 二级科目 | 三级科目 | 四级科目 | 核算范围(解释和定义) | 合计 | 1月 | 2月 | 3月 | 4月 | 5月 | 6月 | 7月 | 8月 | 9月 | 10月 | 11月 | 12月 |
|---|---|---|---|---|---|---|---|---|---|---|---|---|---|---|---|---|---|
| 销售部门费用 | 销售费用 | 平台推广 | 直通车 | 天猫平台站内直通车推广实际消耗费用（搜索点击付费） | | | | | | | | | | | | | |
| | | | 钻展 | | | | | | | | | | | | | | |
| | | | 品销宝 | | | | | | | | | | | | | | |
| | | | 超级推荐 | | | | | | | | | | | | | | |
| | | | 淘客 | | | | | | | | | | | | | | |
| | | | 淘宝直播 | | | | | | | | | | | | | | |
| | | | 天猫其他 | | | | | | | | | | | | | | |
| | | | 京准通-快车 | | | | | | | | | | | | | | |
| | | | 京准通-直投 | | | | | | | | | | | | | | |
| | | | 京准通-购物触点 | | | | | | | | | | | | | | |
| | | | 京准通-京搜客 | | | | | | | | | | | | | | |
| | | | 唯品会 | | | | | | | | | | | | | | |
| | | | 小红书 | | | | | | | | | | | | | | |
| | | | 其他 | | | | | | | | | | | | | | |
| | | 平台营销费 | 内容营销 | | | | | | | | | | | | | | |
| | | | 视觉/拍摄素材费用 | | | | | | | | | | | | | | |
| | | | 活动报名费/坑位费 | | | | | | | | | | | | | | |
| | | 平台费用 | 服务费 | | | | | | | | | | | | | | |
| | | | 佣金 | | | | | | | | | | | | | | |
| | | | 渠道费 | | | | | | | | | | | | | | |
| | | | 其他费用 | | | | | | | | | | | | | | |
| | | 促销赠品 | 促销赠品费用 | | | | | | | | | | | | | | |
| | | 售后 | 售后处理费用 | | | | | | | | | | | | | | |
| | | 其他服务费 | 软件/工具服务费 | | | | | | | | | | | | | | |
| | | | 线下渠道销售费 | | | | | | | | | | | | | | |
| | | | 其他 | | | | | | | | | | | | | | |
| | 人力行政费用 | … | … | | | | | | | | | | | | | | |
| | … | … | … | | | | | | | | | | | | | | |

最后，再次温馨提醒：**预算，有比没有好**。如果没有预算，公司就像在大雾天里行驶的没有仪表盘的车，看不见前方，也不知道车的状况，一切只凭感觉和经验，走到哪里算哪里，成功还是失败完全听天由命。而有了预算，即使一开始不准确、不全面也没关系，它总能发挥作用，而且经过不断地滚动复盘、校准，预算会变得越来越准确，越来越全面。没有看似混乱的开始，就没有渐入佳境的后来。

## 4.5 管理技巧：两线发展，专人专项

你也许已经发现：在年度规划"落地一页纸"上，策略往往会被拆解成很多行动，一个部门的行动计划动辄就会超过50项。部门负责人的精力和时间都是有限的，如果事事都要部门负责人亲力亲为，战略将无法落地。所以，高效的授权和赋能方式是必不可少的，在此，我分享一个非常实用的管理技巧：两线发展，专人专项。这个管理技巧既能在很大程度上解决业务线上人不够用的问题，也是人才培养的捷径。

其中，"两线发展"指的是，业务线、项目线都要发展；"专人专项"指的是，每个人在本职工作之外，作为某个项目的唯一负责人或对接人，专项运营、专线汇报。

这一管理技巧的应用案例，如图4-2所示。

企业中的每个人都有岗位职责，其纵向的专业能力（即深度）每天都能得到锻炼。但每个人本质上都有学习发展的需求和潜能，可以通过全线负责某个项目来锻炼横向贯穿的综合能力（即广度）。

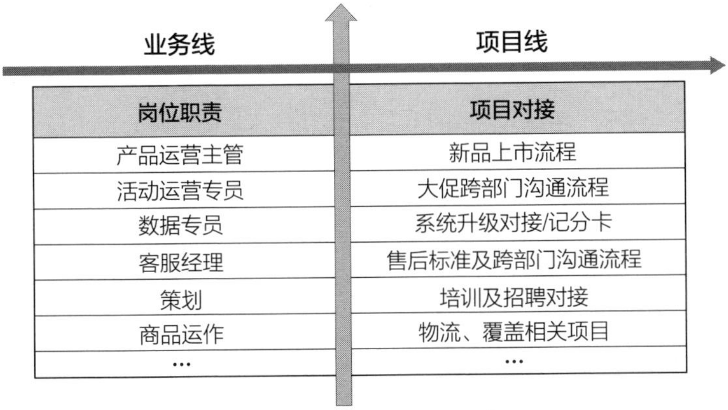

| 业务线 | 项目线 |
|---|---|
| 岗位职责 | 项目对接 |
| 产品运营主管 | 新品上市流程 |
| 活动运营专员 | 大促跨部门沟通流程 |
| 数据专员 | 系统升级对接/记分卡 |
| 客服经理 | 售后标准及跨部门沟通流程 |
| 策划 | 培训及招聘对接 |
| 商品运作 | 物流、覆盖相关项目 |
| … | … |

图 4-2　管理技巧示意图：两线发展，专人专项

比如，一位产品运营主管，也是新品上市流程项目的负责人，他通过负责某个新品的上线工作，对新品在上市前在销售部经历的从制订方案、达成共识、审批通过到通达、复盘的整个流程进行了梳理，并设计和推动了新品上市流程的成形。最终，这个流程被确定为统一的流程，对所有新品都适用，而不仅仅适用于他负责的新品。同理，活动运营专员也可以是大促跨部门沟通流程的项目负责人，数据专员也可以是销售部内系统升级的项目对接人。这种方式既促进了员工的个人成长，又统一了沟通窗口，避免了过去谁也不知道项目最新进度的现象，还使部门负责人的精力得到了释放，部门负责人不必再亲自跟进每个事项，大大提高了工作效率。

我认为，员工不是坐在课堂里就能培训出来的，而是"用"出来的，是在真实的业务场景中、在各种不得不面对和处理的挑战中锻炼出来的。正所谓"用中养人，养中用人"，每个员工都有潜力，管理者应给予他们相关的责任和权力，帮助他们成长。德鲁克说过："让知识型员工狂热工作的唯一方法是给他们更多的自由和责任。"马斯洛的需求层次理论也有同样的观点：每个人都需要自我实现的成就感。而让员工专门负责某个项目，使该项目的成败与他的名字、荣辱紧密相关，他的工作热情就能被最大限度地激发出来。**只有真操心，才能有真收获。**

对企业来说，具体行动有唯一负责人，才会事事有抓手。只有**把集体任务转化成个人任务**，专人专项负责，任务才会以最有效的方式完成。值得注意的是，每一个任务都应指派给具体的某一个人负责，不能同时指派给很多人，说"你们一起负责一下"，一旦多人负责，要么会出现"三个和尚没水喝"的情况，要么会出现大家都分别做类似的工作，导致资源浪费的情况。

专人专项非常实用，它在提升员工能力的同时，还能为公司开发出更多的人力资源。如果每个人在本职工作之外都多承担 1～2 个项目，假设每个人都额外再付出 10% 的精力或提升 10% 的工作效率，那么，企业就相当于多了 10% 的人可用。

当然，要使得专人专项行之有效是有诀窍的。

### 1. 正式授权，仪式感满满

部门负责人可以通过邮件或在公开会议上正式宣布，授权某人代表本团队全权负责某事项，被授权的员工会因被重视而更珍惜机会。

### 2. 赋能陪跑，获得感满满

并不是授权之后员工就知道怎样做好项目，部门负责人要给予他们及时的反馈和指导。我的带人习惯是"凡是能交给别人做的事情，我绝不亲自动手，但我愿意花两倍时间教他做一遍"。这是因为，当员工亲自动手去做时，即使执行过程并不完美，他也能从中得到学习和成长。而上级即使把同样的事情做 10 遍，也无法帮助员工成长。

### 3. 荣辱与共，价值感满满

让员工专人负责某个项目，让他与项目荣辱与共，在他有出色表现时及时给他表扬、肯定，他就能获得巨大的价值感，以更强的主人翁精神自驱而行。

> 建议练习

思考一下你所负责的项目中有哪些可以交给哪位员工来专人专项负责？请借助以上3点诀窍开始行动吧！借事修人，团队才能成长。作为管理者的你，也能有更多的时间去思考更高层次的发展机会。

OGSM
VIABLE
STRATEGY

第 5 章

# 部门规划：承接战略，自下而上

## 5.1 从部门到子团队规划拆解的关键流程

部门是企业最重要的中间层，对战略的承上启下发挥着至关重要的作用。它向上承接公司战略，在理解和转化后又向下传递，并指导子团队对战略进一步拆解、执行。本章介绍的是部门规划的两大任务——制定部门目标、找到策略抓手，通过8个关键步骤来完成。

1. **任务一：制定部门目标**
   - 将业务销售目标提案交给公司管理委员会（简称管委会）参考。
   - 各部门提交年度规划一页纸。
   - 召开目标评审会，确定部门目标。

2. **任务二：找到策略抓手**
   - 召开部门预算启动会，定性寻找业务问题点和机会点。
   - 定量找出关键任务——构建抓手货架。

- 通过量化和可行性分析，确定聚焦重点。
- 检验目标达成的抓手充足性。
- 校准后确定目标及预算。

以上所有的步骤都需要部门管理团队（包括部门负责人和子团队主管们）共同参与、群策群力，不能只由部门负责人一人自行决定。

通过这几个环节，部门需要完成五项输出：制订业务销售目标提案，使部门目标获得审批，确定部门的十件要事并指定专人专项负责，输出各团队问题点和机会点分析报告，确定策略重点之关键任务（即找到策略抓手）。

## 5.2 业务部提交销售目标初稿给管委会

我曾分享过战略落地的一个重要原则：以业务为抓手，牵引各部门制订计划和进行跨部门协同。根据这一原则，我建议那些没有专门的战略规划部门的公司在进行战略解码时，最好以业务部负责人为主导者和牵引者，CEO则扮演决策者的角色。

这是因为，业务部处于业务一线，最了解客户需求和市场趋势。从业务出发，主动向公司管委会提交目标提案和关键举措，主导年度规划的讨论方向，并提前进行跨部门沟通，推动各部门的理解与支持，更容易使目标在战略解码共创会上获得通过，也有利于管理团队达成共识。现在在创业公司中普遍存在的一种现象是，作为公司的主导者和决策者，CEO无处不在，每天疲于奔命，却被诟病为"一言堂"。其实，这种情况是可以避免的。

这里的"业务部"是广义的，指的是所有连接外部市场、客户与内部运营，能对公司的产品计划和业务运作起决定性作用的关键部门。不同公司的业务部是不同的，有些公司的业务部包括销售、客服等，有些公司以产品为中心，业务部则包括产品、研发、采购、运营等。一切运作以满足外部需求为目的，方能使企业的运营效率达到最大化，实现以业务为抓手。

在此我要强调一个主张：**最好的合作，应该是你中有我、我中有你，让我的想法成为你的方案。**这样才能站得更高、看得更远，使合作的聚力达到最大。

企业中的跨部门合作也是如此。业务部负责人不要被动地等公司定战略、派任务，而是应通过在一线接触市场、了解客户需求，及时发现问题点和机会点，主动提出建议方案，并就这一方案向相关部门负责人征询意见。通过这个过程，业务部负责人不但传递了自己的想法，也能获取对方的反馈，实现有效沟通。在这个时候，如果对方还未开始本部门的年度规划，一定会受业务部负责人想法的影响，做计划时会趋向于配合业务部负责人的方案，特别是他思考过并反馈同意的部分。

在别人还没有想法的时候就分享你的观点，让他更早地和你实现认知同频、能力同频，他制订的方案就会体现你的观点。我把这个提前沟通、主动影响对方思路的方式叫作"思维种草"。如果一个人的思维被你"种草"了，在遇到类似场景需要形成方案时，他一定会受大脑里趋向赞同的印象影响，他的思路也会本能地契合你的观点甚至会对你的观点进行进一步的延展。

想象一下，如果运营部负责人提前做好部门年度规划一页纸，拿着它去和供应链部门负责人商量："你看这是运营部的初稿，我们建议的销售目标是3倍增长，为此我们会制定这些策略，其中有两条需要供应链部门配合，分别是及时供货和确保产品质量。你怎么看？"供应链部门负责人一定会很自然地接过来，和运营部负责人一起对照着这一页纸指指画画，商量如何做才有可能实现目标。

此时公司的战略解码共创会还没开，所以供应链部门还没开始做部门年度规划，供应链部门负责人也没有关于目标和做法的设想，只是觉得按照往年的增速预估供货量达到1倍增长就可以了。但当他提前接收到运营部希望实现3倍增长的信息后，想法自然而然地会受到影响，他会想：供应一定要跟上，这样的话就不能像去年一样只是多增加一些供应商了，而是要从根本上改变供应模式，提升全链路效率，甚至要自建工厂。而自建工厂需要巨大的投入，需要很长的准备时间，供应链部门负责人会庆幸自己提前知道了运营部的需求，还来得及做供应链部门的配套方案，如果像以前一样等到参加公司的战略解码共创会时才知道这个需求，肯定来不及，一整年都会在被催促交付、解决各种棘手的缺货问题中焦灼地度过。

再想象一下：如果没有提前进行跨部门沟通，各个部门都等到公司召开战略解码共创会时才阐述自己的想法，那么当供应链部门负责人在会上表明自己部门只准备了1倍增长的供货计划时，会发生什么情况呢？当运营部负责人发现供应链负责人的供货计划与自己所做的3倍增长的目标存在巨大差距时，一定会努力说服供应链部门负责人改变方案。而供应链部门负责人会先入为主地维护自己的方案，并且鉴于去年发生过运营部未按其预测量完成提货销售的情况，他会本能地质疑运营部的目标是否合理，甚至还会毫不留情地指出如果不改善运营部预测不准确的情况，将导致库存积压过多，现金流都面临风险的情况。在这么公开的正式场合如此针锋相对，双方又怎么可能达成共识呢？

所以，与其接到任务后被动地、逐个部门地分别争取所需的资源，不如**提前沟通，用自己的想法影响其他部门的年度规划，先打好招呼，留好资源**，更加省时省力。"我的想法就是你的方案"是以终为始思维导向的必然结果，也是双赢最好的切入点。

业务部负责人一定要有全局观，要深谙"不谋全局者，不足以谋一域"的道理。如果业务部负责人不能从公司全局的角度考虑问题，不能促进跨部门的有效协同，就无法管理好业务部门。

在公司层面战略规划的关键步骤中，以下两步需要由业务部负责人主导和牵引。

第一，在公司战略解码共创会召开之前，业务部负责人需要先写好部门的年度规划一页纸初稿，其中包括销售目标提案，并将其先发给管委会，尤其是要发给CEO和财务部负责人，向他们分享未来一年的市场动向，提出业务部的建议。这样既能使CEO和各部门负责人在做战略拆解时有具体可行的参考，又能使他们了解业务部需要支持的事项，及时为业务部提供资源。CEO在这一基础上召开战略解码共创会，大家有备而来、有的放矢，会议就会开得更加高效。

第二，当财务负责人启动全面预算后，业务部负责人要在部门内部召开预算启动会，在子团队进一步拆解业务部的目标、策略，并对子团队成员进行赋能，使他们懂得如何找策略抓手、如何量化生意增长点，提供他们需要的资源，有承诺、有抓手地规划业务落地计划。

以上两点建议也适用于其他部门，接下来分享的方法论和工具也是任何团队都适用的，并不只有业务部适用。

## 5.3　部门目标制定的关键：自下而上，骨干参加

很多公司定目标的过程常常是，老板一拍脑袋想出来一个数字（通常是年年递增的）就成了目标，然后公司内部再自上而下地对这个目标进行拆解。这样导致的结果却是，各个团队一看，马上叫苦不已："天啊！这么高！怎么完成啊？"然后开始用一大堆的理由，如产品更新跟不上、市场竞争惨烈、公司资源配备不够等，就目标数字讨价还价，希望老板改变主意。在这个过程中，各层级、各部门都将大量的时间用于扯皮、推诿等无效沟通，公司内耗非常严重。如果把这些时间花在更有价值的事上，会为公司创造很多效益。

要避免以上情况，一定要把握部门目标制定的关键，即自下而上，骨干参加，并且把关注点放在"如何才能做得到"上。

以销售目标的设置为例，第一版目标应该来自销售部的目标提案。这个目标提案应由销售部自下而上制订出来，也就是由销售部的主管、骨干和部门负责人一起从产品、渠道团队、营销打法等多个维度进行讨论，看看哪些事情可以做、能带来多少销量。通过这个过程，部门年度规划一页纸的初稿就基本完成了。

之后，销售部门负责人带着一页纸向 CEO 汇报（即上一节所说的"思维种草"）。通常来说，第一版目标是偏保守的（比如 1 倍增长），而 CEO 的期望往往更高（比如 3 倍增长），但有了这份初稿作为基础，双方的讨论就会更有价值，聚焦于寻找更多的策略抓手。在这次汇报中，CEO 应对部门负责人进行指导，引导他找到更多可以探索、尝试的事情（比如在研的新产品、新市场、新渠道、新技术等），部门负责人则应进一步了解 CEO 这些想法背后的可行性、期望，并现场进行反馈，与 CEO 一起商议下一步的行动方向。

经过这番讨论后，也许会出现这样一种情况：虽然找到了更多的增长点，但只能支撑销量实现 2 倍增长，而 CEO 的期望依然是 3 倍增长，因为这是基于战略定位而计算出来的战略目标。这时，可以采取一些折中的方法：如果 2 倍增长的目标也符合"3 赢原则"，那么，可以将其设为基础目标；而 3 倍增长则可以设为挑战目标，配合相应的激励机制，牵引大家向更高的目标冲击。

通过这次沟通，部门负责人对如何达成 2 倍增长以及 CEO 的期望有了清晰的认识，在回去和子团队主管、骨干们沟通时就能清楚地传递这些数字背后的原因和做法。部门负责人还应鼓励大家继续寻找更多的策略抓手，让他们认识到在完成更高业绩的同时自己也会获得更多的回报。

设置销售目标的方式无非就两种：自上而下地给指标、派任务；自下而上制订提案，由管理层评审通过后批准。采用自上而下的方式，无论把目标设定为什么，都会有人觉得不合理、太高、不公平，因为大部分人骨子里对于别人要求自己做的事是排斥的。而自下而上地设目标，既尊重了销售骨干的专业分析，使目标有了合理的依据（比如客户数量、客户结构、淡旺季特征、客户物流成本、市场竞争态势、产品需求倾向等），也让主管、骨干们更有参与感，对目标数字有一种天然的责任感，更愿意主动承担，做出自我承诺。而且，上下级之间针对彼此期望的目标的差距进行了充分的沟通，明确了"如何才能做得到"。通过这种方式设定的目标有抓手，有实现路径，有激励方案的牵引，而不是空对空的数字拆解游戏，自然会更快地被下属接受，他们的时间和精力也会因此聚焦在更有价值的探索增长点上。

从自上而下的目标数字分解转变为自下而上的有抓手的目标提案，看上去只是顺序发生了颠倒，本质上却是管理思想的根本性颠覆。让听得见炮火的人参与到设定过程中、带着策略抓手讨论出来的目标，才是可实现的。

## 5.4 目标设定的实用指引：3-3-3-3

定目标是个技术活，一不留神就会踩坑。定高了，员工会抵触，目标难以实现；定低了，不能充分激发员工的潜能，会错失市场机会。每个部门都应该有目标，那怎样设置目标才能使目标既有挑战性又被员工信服与接受，既有可实现性又不错失新机会呢？接下来，我会介绍目标设定的实用指引，我将其称为"3-3-3-3"，如图 5-1 所示。

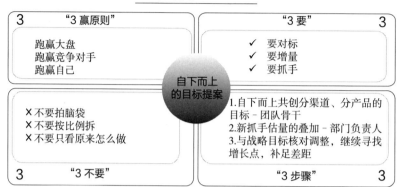

图 5-1　目标设定的实用指引：3-3-3-3

这个实用指引包括"3 赢原则""3 要""3 不要""3 步骤"。

**1．"3 赢原则"**

"3 赢原则"指的是跑赢大盘、跑赢竞争对手、跑赢自己、至少要赢其中一个。前面已经专门进行过介绍，在此不再赘述。

**2．"3 要"**

"3 要"指的是要对标、要增量、要抓手、定目标时一定要坚持这三点。

（1）要对标

对创业公司来说，对标法非常实用。创业公司创造的每一个数字都是新的，怎样才能知道自己有进步呢？有对标对象，有明确的成功标准，就有了判断的依据。在从 0 到 1 的初创期，创业公司需要自我对标，关注自己的每一步成长；在从 1 到 10 的发展期，创业公司需要对标竞争对手，关注其动向并及时应对；在人员增多、业务日益复杂、增速减缓的稳定期，创业公司又需要对标成熟的标杆企业，制定战略规划，构建业务体系，打造组织能力等。

结合"3赢原则"，在设定好目标后，管理者一定要能回答"你对标的是谁？"和"你要赢什么？"这两个问题。

"你对标的是谁"指的是对标的对象，可以是大盘或团队的平均水平，可以是现在比你厉害的竞争对手（或团队伙伴），也可以是过去的自己。

"你要赢什么"指的是成功标准，要确定赢的维度是规模、速度还是难度，还要有能体现成功的具体数据。以品牌为例，这个问题的答案一般包括市场排名、销售数据（包括规模和增速）。我建议，以"保持市场份额"（也就是与市场增速持平）为最低标准。销售数据只是一个绝对值，增速也只是相对过去的自己而言，并不能代表太多，而市场份额是检测品牌综合健康度的警戒线。只有能保住市场份额，甚至提高市场排名，才能证明品牌在市场中有一席之地。相反，如果销售目标达成了，市场份额却下降了，一点都不值得高兴，因为这代表公司落后于整个行业，从某种意义来说，公司在竞争中已经输了。

对团队和个人而言，在对标中胜出的部分就代表了其所创造的价值贡献。

我曾辅导过一家餐饮公司，这家公司的采购负责人预计第二年原材料的价格会上涨5%（特别是占60%采购量的肉类的价格会上涨更多），他很苦恼，问我在这种情况下应该怎样设定成本目标。让供应商不涨价是行不通的，还有什么方式呢？

其实，即便如此，我们依然有方法跑赢大盘。基于对这家公司的战略规划和管理现状的了解，我建议他做供应商的分级优化整合。这家公司现在有大大小小80多个供应商，为了使供货跟得上，采购人员每天都疲于奔命，无暇顾及精细的供应商管理规范。而且，他们公司在大部分供应商那里下的都是临时订单，所以采购价格的谈判空间很小。而做分级管理，先选出贡献50%采购量的10个头部供应商作为战略合作供应商，谈年度合作框架，商定年度采购量意向，进行大批量采购，能使单价大大降低。如果采购计划能拆分到季度、月度，就可以向供应商锁定采购量，建立起采购节奏，这同样能一步步地降低价格，实现双赢。如果有需要的话，还可以对其他的70多个供应商进行梳理，设置第2级、第3级供应商，制定分级管理标准，按不同的优先顺序与这些供应商进行谈判，达成长期合作，改变下临时订单、小批订量的现状。一旦采购节奏变得清晰，加急的物流费用支出将会减少，这也能极大地促进成本优化。

市场原材料价格上涨是采购部不可控的，但通过自己的努力去优化供应链是采购部可以做的。如果优化了供应商的供应和保证了物流的有序进行，最后整体成本只上升了4%，而市场上原材料价格的平均涨幅是5%的话，由于增效而节约的1%的成本就是采购部创造的价值，这个价值甚至可以换算成采购部给公司贡献的利润。

对公司中的每个人来说，最重要的是为公司创造了多少价值和贡献，而不是做了什么事。关于设定目标存在很多误区，比如中台部门设置的目标常常是设计什么流程、制定什么标准、完成什么项目，实际上这些并不是有对标的结果目标，因为它们不能体现中台部门的价值和贡献。举个例子，人力资源部招聘的员工人数其实并不重要，真正体现其价值和贡献的是人效。如果人力资源部以人效为目标，就会更关注哪些团队的人效较低需要改善，哪些业务必须储备人才，从而提出全面的、均衡的人效提升方案，而不是按部就班地按照各部门的要求进行招聘。

（2）要增量

前面我们讲过，基础目标与挑战目标之间要有激励方案进行牵引。过去当部门负责人的时候，我常常和团队骨干们一起讨论、共创激励方案，让他们亲身参与到从设计方案到争取资源，再到反馈结果的整个过程，充分保证激励方案的透明度，从而激励大家向着挑战目标冲刺。

在共创的过程中，团队骨干们会把挑战目标与自己感兴趣的东西联系在一起，比如：有人提议设置阶梯奖金，完成得越好，赚的钱越多；有人建议设置不同标准的旅游方案，完成基础目标的可以去海南三亚吹海风，而完成挑战目标的人则可以去迪拜海边晒太阳……这是多么鲜活的场景描述！如果方案真的被批准了，这又将为大家这一年辛勤工作的间隙注入多少期盼的乐趣、多少想象的空间、多少美好的畅想时光！

管理者大可不必自己绞尽脑汁去设计激励方案，直接去问问团队想要什么，让他们讨论出的激励方案肯定是他们更感兴趣的、更能牵引他们行动的。共创了梦想，大家就更愿意去冲刺挑战目标。实践证明：不管目标多高，总有人做得到。同时，但凡有人做到了，享受到了激励方案的兑现，对其他人也有极大的正向激励作用。

如果团队里的人都只关注挑战目标，每天思考如何才能创造更多的增量，而不是和管理者讨价还价、尽力压低基础目标，这个团队一定会充满活力，业务的拓展空间也会无限广阔！

### （3）要抓手

定目标时要看有没有抓手，**没有抓手，就没有资源**。费用预算应基于策略和运营行动，而不是参数。简单来讲就是，有什么行动就配置什么样的资源。有些公司在分配资源时，会按照以前的费率向下降一点，以为这样就能使费用可控，而事实并非如此。比如，那些去年尝试过但已被证明失败的行动，不应该再配置资源。又如，有些行动是为了探索增长点而新开展的，虽然没有去年的资源配置作为基数，但仍应配置相应的资源。

财务预算最极致的做法是零基预算。所谓零基预算，就是忘掉之前曾经的资源分配，让一切恢复到起点，重新为今年计划要做的每一件事分配资源，从零开始、事事评审、项项累加。当然，要做到零基预算，需要庞大的数据库、强大的分析系统的支持，更需要相关人员拥有很强的业务及财务分析决策能力。创业公司不需要做到这种程度，但要记住这个逻辑和原则。

### 3. "3不要"

"3不要"指的是不要拍脑袋、不要按比例拆、不要只看原来怎么做。

创业公司最常见的定目标的方式是，管理者拍脑袋拍出一个数字，再按照去年的比例大致拆分到相关的渠道、客户。各部门领到目标后做的第一件事往往是按照原来的做法进行计算，但算来算去觉得这是一个天文数字，完全不可能完成，大家就开始焦虑起来。

从本质上来说，拍脑袋拍出来的目标是没有逻辑、没有抓手的美好梦想，是无源之水、无本之木。说不出为什么是这个数字，目标就没有令人神往的意义，不能激发员工的斗志；给不出指引前行的实现路径，目标就如海市蜃楼般虽美丽却不真实。前面介绍的基于战略定位计算战略目标，由业务骨干共创销售目标提案，基于抓手辅导评审等方法，都是为了避免拍脑袋这种情况的出现。

将目标按比例拆分到人的做法，本身就忽视了必然会发生的市场变化、产品更替、合作客户的增减等商业现象。有些商业平台（比如天猫、抖音、亚马逊）的规则时常发生变化，甚至每月都会发生巨大的变化。既然变化是必然的，比例就不可能准确。之前的比例只能作为参考，因为比例只是虚的数字，并不能指引行动。对管理者来说，关键在于想清楚策略方向与具体行动，并且计算每个动作可能带来的贡献。这些都是实实在在的抓手，如果目标没有达成，可以对这些策略和行动进行有针对性的分析，从而找到解决方案。

关于"不要只看原来怎么做"，我主张的是要不断探索新的增长点。正如爱因斯坦所说："重复做同一件事，却一直希望不同的结果，这是精神错乱。"目标设定不能只基于原来的做法，也要拓展思维，根据不同时期的变化去寻找新的抓手来支撑。曾经成功的产品和打法，会因边际效应而逐渐效益递减。在这个 VUCA⊖ 时代，变幻莫测才是永恒的主题。管理者要时刻保持创新思维，永远预留一些资源去探索第二增长曲线，不管是应对可能的严重冲击，还是迎接更大的成功，都需要不断补充新武器。

当美国对华为进行碾压式制裁时，很多人都认为华为毫无招架之力，

---

⊖ VUCA 是 Volatility（易变性）、Uncertainty（不确定性）、Complexity（复杂性）、Ambiguity（模糊性）的缩写，源于军事用语，后来被用于组织战略中。

但华为却在 2019 年正式发布鸿蒙系统 HarmonyOS——一个面向应用生态超级终端的操作系统。华为之所以能绝处逢生，是因为它早就敏锐地察觉到了万物互联生态将要取代移动互联网，一个全新的时代将要开启，并提前布局，抢占赛道。

### 4. "3 步骤"

"3 步骤"指的是制定目标的三个实施步骤。

**第一步：自下而上共创分渠道、分产品的目标。**

通常由团队骨干在部门负责人的指导下，集思广益，共创分渠道、分产品的目标初稿。

**第二步：新抓手估量的叠加。**

部门负责人通常比团队骨干更早知晓公司未来的一些举措，比如研发新技术、开发新产品、开拓海外市场等，但这些举措还未成熟，不能与团队沟通，这时，部门负责人需要根据自己的理解计算出新抓手的潜在贡献，并将其与第一步中团队骨干共创的初稿进行数字叠加，形成目标提案。

**第三步：与战略目标核对调整，继续寻找增长点，补足差距。**

在与 CEO、管委会讨论了目标提案后，部门负责人向团队骨干传达高层的反馈意见，并把公司的战略目标与现在已有抓手的数字进行比对，找到差距后努力补足，同时继续与团队一起寻找新的增长点、新的抓手。

在此要强调的是，进行比对后，管理者要调整的是部门的策略、行动，而不能因为部门目标和公司目标有差距就要求公司调低目标。因为战略目标来自战略定位，不是拍脑袋拍出来的数字。如果团队充分了解战略目标所定的数字对公司发展的战略意义，就会为了共同理想以及将出台的激励方案而努力拼搏。于公于私，这都是必然的选择。

## 5.5 会议3：目标评审会

你有没有这样的困惑：部门负责人和CEO、财务、主管们分别讨论了好几轮，目标因此调整了好多次，可是到底哪一版是最终确认版？明明我们的部门负责人和CEO也沟通过了，可是在和其他部门商量怎样做的时候，为什么其他部门的工作重点总不能支撑我们部门的目标呢？部门年度规划一页纸上的行动计划动辄超过50条，每一条都是极其复杂艰巨的任务，不可能同时高质量完成，到底该怎样排出优先项呢？

为什么会出现这些问题呢？归根到底，是因为虽然有规划却没有正式的官方仪式进行目标确认、明确优先项。而全面预算里提到的目标评审会能有效解决以上问题。

我们先来捋一捋此前已经介绍过的策略与行动，梳理出从公司规划到部门规划的行动顺序。

如前介绍，业务部负责人应先把自下而上、骨干参加共创的销售目标提案和年度规划一页纸初稿提交给管委会，并在私底下与CEO、密切合作的部门负责人分别进行讨论，在实现"思维种草"的同时有意识地收集大家对初稿的反馈意见，从而使初稿更加完善。

接下来，在公司层级的战略解码共创会上，业务部负责人带着充分体现大家反馈意见的部门一页纸修改稿，作为引导者主动分享部门规划的目标、策略等，推动公司层面的决策达成一致。在这次会议上，管理层共创公司的年度规划一页纸，如果时间充足，甚至在会上也可以讨论输出各部门年度规划一页纸初稿，确认参会人理解公司对部门的期望。

会议结束后，各部门负责人向团队骨干传达会议精神，对部门的年度规划进行进一步的讨论，并在指定的日期前提交部门年度规划一页纸修改稿。

在这之后，负责全面预算的项目经理组织目标评审会，在经过分部门汇报、跨部门反馈、预算决策委员会正式审批等多个流程后，各部门的目标就能正式确定下来了。

目标评审会的重要性由此可见一斑：它不仅充满仪式感，是对各部门目标的正式确认，而且能促进上下对齐、左右拉通。因此，目标评审会是使战略落地的"6个会议"中的关键会议之一。

### 5.5.1 目标评审会的操作指南

怎样才能开好目标评审会？以下是目标评审会的操作指南。

**1. 参会人员**

全面预算决策委员会（即 CEO 和核心管理团队）、一级部门负责人、全面预算项目经理（建议委派其为目标评审会的主持人）。

**2. 会议目的**

正式评审和批准各部门的年度目标终稿，对齐公司及各部门的十件要事，并在此过程中通过跨部门建议、决策委员会的反馈，确保公司战略和部门目标、重要里程碑行动真正上下对齐，确保各部门需要彼此配合的关键点在部门规划中左右拉通。

3. **会前准备**

- 会前十天，将公司年度规划一页纸终稿通达给各部门负责人，且在"动人天成"部分以不同颜色标注出公司的十件要事，以供各部门承接、延展。

- 会前两天，各部门完成部门年度规划一页纸的更新，并在公共盘共享，以便与会人员提前查看。值得注意的是，应要求各部门必须做到两点。①目标不抄漏，必须完全承接公司一页纸里由本部门主导的衡量指标和目标项。目标格式是名词＋量化，且在数字后面加变化数值（±$x$%）表明同比或环比的变化，让大家能马上理解该数字代表的增值或增效的幅度，以此为参照标准来设置本级的目标。②要对准公司一页纸，承接公司的十件要事。另外，各部门也要在自己的"动人天成"部分挑选出相关的部门十件要事，以不同颜色标注出来。

4. **会议流程**

- 主持人分享目标评审会的目的、议程、输出的期望，指定会议纪要记录员。

- 按计划的顺序，各部门负责人分别汇报部门年度规划一页纸以及本部门的十件要事，对于需要跨部门支持的部分要进行详细阐述。

- 跨部门进行现场反馈，比如是否同意配合其需求、是否有其他建议等，做汇报的部门负责人进行回应，达成共识。

- 决策委员会成员进行现场反馈，比如提出对一页纸中的 8 环各项的辅导意见，尤其是建议修改的部分或新增的抓手。做汇报的部门负责人进行回应，达成共识。
- 结合以上反馈，决策委员会投票决策是否批准部门目标和部门十件要事。
- 完成所有部门评审后，主持人宣布已获批准的部门，以及未获批准的部门再次提交修改稿的时间、下次评审的时间。
- 会议当天，将会议纪要发送给所有参会人，完成官方审批（或下次的审批要求）的正式通达。

**5. 会议时长**

会议召开时长以两天为宜，要留有充足的时间完成上下对齐、左右拉通的反馈互动，并最终达成共识。平均每个部门负责人的汇报时长为 1~1.5 小时，每天完成 5~6 个部门的评审。一般公司的一级部门数为 8~12 个，两天的时间足以完成对所有部门的评审。

**实操技巧**

①必须表态，现场决策。

在目标评审会上，所有人都必须表态，及时进行反馈回应，绝不能在会上不说话，在会后不执行。会议结束时，必须有决策输出。为此，应设置两个会议纪律：第一，被汇报部门点名需要配合的其他部门负责人必须反馈互动；第二，现场不发言者被默认为无异议，即同意。

②决策之前充分讨论，决策之后坚决执行。

没有最完美的方案，公司更需要的是及时的决策。公司规划和部门规划通过上述各个环节已经得到充分的讨论，不能无休止地讨论下去，因为让所有事情都得到所有人的 100% 认同是不可能的。所以，一定要设定决策节点，锚定部门目标和十件要事。这样就能使至少 60% 的精力锁定在聚焦点上，此刻才真正开始力出一孔。

目标评审会其实是民主集中制的经典呈现：先民主地分享自己的观点，互提要求，反馈互动，再通过观察和评审，由决策委员会做出决策，并正式通达。

## 建议练习

为了使你更直观地理解目标评审会、更快捷地学会实操，我设计了可以简单复制的实操模板（以一个部门花 1.5 小时为例），如表 5-1 所示。请结合你们公司的情况，也开个目标评审会吧。

表 5-1　目标评审会实操模板

| 会议名称 | 2022 年年度规划之目标评审会 | | |
|---|---|---|---|
| 会议日期 | | 地点 | |
| 主持人<br>（建议由全面预算项目经理担任） | | 记录人 | |
| 全面预算决策委员会<br>（总经理+合伙人+策略负责人等） | | | |
| 其他参会人员<br>（一级部门的负责人等） | | | |
| 会议目的 | 1. 正式评审和批准各部门的年度目标终稿，对齐公司及各部门的十件要事<br>2. 通过跨部门建议、全面预算决策委员会的反馈，确保公司战略和部门目标、重要里程碑行动真正上下对齐，确保各部门需要彼此配合的关键点在部门规划中左右拉通 | | |

（续）

| 汇报顺序 | 第 1 天—— 部门 1： 部门 2： 部门 3： 部门 4： 部门 5： 第 2 天—— 部门 1： 部门 2： 部门 3： 部门 4： 部门 5： |
|---|---|
| 一、会议议程 ||

| 核心议程 | 时间 | 发言人 | 注意事项 |
|---|---|---|---|
| 1.各部门负责人分别汇报部门年度规划一页纸，强调每个部门需要特别标注出十件要事，对于需要跨部门支持的部分要进行详细阐述 | 每个部门约 20 分钟 | 各部门负责人 | 会前准备要求：<br>1.会前十天，将公司年度规划一页纸终稿通达给各部门负责人，且在"动人天成"部分以不同颜色标注出公司的十件要事，以供各部门承接、展延<br>2.会前两天，各部门完成部门年度规划一页纸的更新，并在公共盘共享，以便与会人员提前查看 |
| 2.跨部门现场反馈：是否同意配合其需求、是否有其他建议；汇报的部门负责人进行回应，达成共识 | 每个部门约 40 分钟 | 各部门负责人 | 1.被汇报部门点名需要配合的部门负责人必须反馈互动<br>2.现场不发言者被默认为无异议，即同意 |
| 3.全面预算决策委员会成员现场反馈：对一页纸各项的辅导意见，特别是建议修改的部分或新增的抓手；汇报的部门负责人进行回应，达成共识 | 每个部门约 20 分钟 | 全面预算决策委员会 | 1.全面预算决策委员会成员的辅导意见如果有不同，需要现场投票确定以哪个意见为准<br>2.达成共识后的全面预算决策委员会意见是决定的要求，不是讨论意见，部门负责人应遵守执行 |
| 4.全面预算决策委员会投票决策是否批准其部门目标和部门十件要事 | 每个部门约 10 分钟 | 决策委员会 | 1.决策后的各部门目标将作为正式目标，设置为公司记分卡，每月进行报表跟踪，复盘<br>2.决策后的十件要事将作为部门最重要的优先项进行项目管理，要设置专门项目组，输出立项书和项目进度表加以管控，要求进度可视 |

（续）

| 5. 所有部门评审完成后总结宣布：已获批准的部门及未获批准的部门再次提交修改稿和下次评审的时间要求 | 视现场情况而定 | 主持人 | 会议当天，将会议纪要发送给所有参会人，完成官方审批（或下次审批要求）的正式通达 |
|---|---|---|---|

| 二、会议重点摘要 |
|---|
| （填写会议上产生的重要决议、工作要求以及需要传达的会议精神等） |

1.

2.

3.

4.

| 三、会议跟进或待办事项 | | | | | | | |
|---|---|---|---|---|---|---|---|
| 跟进或待办事项（后期跟进的事项是什么，事项的执行结果可被检视，建议动宾结构） | 交付材料（最终输出的成果，例如：××方案/××表格） | 部门（事项责任部门） | 负责人（事项具体负责人） | 完成时间（限期） | 接收部门（结果输出给哪个部门） | 结果跟进（"红黄绿交通灯"方式标注） | 结果说明（完成结果说明，若事项延期/取消，需说明原因） |
|  |  |  |  |  |  |  |  |
|  |  |  |  |  |  |  |  |
|  |  |  |  |  |  |  |  |

## 5.5.2 实操技巧：如何确定公司和各部门的十件要事

在企业运转的真实场景中，各个层级、各个团队的年度规划里有大大小小、数不胜数的各种任务，如果没有聚焦，每天光是忙一些事务性的日常工作可能就已经耗尽宝贵的时间。

德鲁克谈到有效管理者时认为，管理者要将精力集中于少数主要的领域，还必须确定有效的工作次序，他说："专心是一种勇气，敢于决定真正该做和真正先做的工作。"原因很简单，因为"时间是最稀缺的资源"。在所有的资源中，只有时间是我们租不到、借不到也买不到的，是无法通过任何手段获得的。

既然时间如此宝贵，我们应该对有限的时间进行高效利用，把精力集中在最有价值的事情上。为此，我们可以利用帕累托法则和帕金森定律来增加成效：

- 聚焦于重要的事情，从而使产出最大化(帕累托法则，即80/20法则）。
- 缩短完成任务的时间，发挥最终时限的魔力（帕金森定律）。

**换言之，也就是要确定几件最影响效益的重要事情，在非常短的时限里计划和行动。**

要使公司战略落地，一定要把握住目标管控的重要一环：确定公司和各部门的十件要事。这十件要事就是"最影响效益的重要事情"，是基于战略定位、从目标和策略拆解出来的最核心的里程碑行动，能被层层承接、裂变细化为更细颗粒度的抓手。在实际工作中，最难的就是确定这十件要事，因为在管理层的眼中，年度规划一页纸上那五六十条行动，每一条都很重要，而且企业中也没有全面、理性的评估机制去判断孰轻孰重。

我在很多企业进行管理咨询时，常常会用一个我自己提炼出的土方法，这个方法简单可行，而且几乎百试百灵。**既然公司行动计划、部门**

行动计划是由核心管理团队、部门骨干共创的，那么，这些人应该是最了解这些行动的。先由这些核心成员给所有行动打分，汇总后计算出每一项行动的平均分，然后按照分数进行排序，最后由 CEO 拍板决策，十件要事就能确定下来了。

创业公司通常没有大量数据来支持决策，也没有那么多时间去分项验证，因此，确定行动的优先级并不是一件容易的事。而根据平均分排序使这一难题迎刃而解，这种方法不仅能充分体现核心团队的意见，还能以量化的方式让主观意志可视化。方法不怕土，管用就行！

### 建议练习

下面是确定公司和各部门十件要事的实操步骤，你也来试一试这个简单的决策 3 步骤吧。

**第一步：缩小聚焦范围，选出 20 个重点行动待排序。**

如表 5-2 所示，该公司 / 部门的一页纸共有 5 条策略，60 项行动，让参与共创的每个人从中选出自己认为最重要的 20 个行动，在对应的空格填"1"，并且要求他们对每条策略都要选出至少一个行动。当所有人都填好后，将所有的行动根据总票数从高到低排序，排在前 20 位的就是 60 项行动中的"TOP 20"。

通过这一步，原来的 60 项行动被缩减为 20 项重点行动，聚焦范围大大缩小。

表 5-2 确定十件要事示例——步骤一

| 策略 | 行动 | 李明 | 张强 | 参会者3 | 参会者4 | 参会者5 | 参会者6 | 参会者7 | 参会者8 | 参会者9 | 参会者10 | 总票数 | 排序 |
|---|---|---|---|---|---|---|---|---|---|---|---|---|---|
| 策略一 | 行动 1 | 1 | 1 | 1 | 1 | 1 | 1 | 1 | 1 | 1 | 1 | 10 | 1 |
| | 行动 2 | 1 | 1 | 1 | | 1 | 1 | 1 | 1 | 1 | 1 | 9 | 2 |
| | 行动 3 | | 1 | | | 1 | 1 | | | | | 3 | |
| | 行动 4 | | | | | 1 | | 1 | | | | 2 | |
| | 行动 5 | 1 | | 1 | | 1 | | 1 | | | | 4 | |
| 策略二 | 行动 6 | | 1 | | 1 | 1 | 1 | 1 | 1 | 1 | 1 | 8 | 3 |
| | 行动 7 | | | 1 | | | | 1 | | | | 2 | |
| | 行动 8 | | | | 1 | | | | | | | 1 | |
| | 行动 9 | 1 | | 1 | | 1 | | 1 | 1 | 1 | 1 | 7 | 4 |
| | 行动 10 | | 1 | | 1 | | 1 | | | | | 3 | |
| … | … | … | … | … | … | … | … | … | … | … | … | … | … |
| | … | … | … | … | … | … | … | … | … | … | … | … | … |
| 策略五 | … | … | … | … | … | … | … | … | … | … | … | … | … |
| | 行动 60 | … | … | … | … | … | … | … | … | … | … | … | … |

**第二步：对 20 个重点行动进行评分，按平均分高低排序。**

如表 5-3 所示，让参会者对选出来的前 20 个重点行动根据重要性来打分（最重要的是"1"，最不重要的是"20"，以此类推），然后按平均分从低到高排序，排在前 10 位的就是大家认为的优先级最高的十件要事。

表 5-3 确定十件要事示例——步骤二

| 策略 | 行动 | 请按你认为的重要性给 20 个行动排序,在对应的空格填上 1~20 | | | | | | | | | | 平均分 | 最终排序 |
|---|---|---|---|---|---|---|---|---|---|---|---|---|---|
| | | 李明 | 张强 | 参会者3 | 参会者4 | 参会者5 | 参会者6 | 参会者7 | 参会者8 | 参会者9 | 参会者10 | | |
| 策略一 | 行动 1 | 1 | 2 | 1 | 1 | … | … | … | … | … | 2 | 1.4 | 1 |
| | 行动 2 | 2 | 1 | 3 | 2 | … | … | … | … | … | 1 | 1.8 | 2 |
| 策略二 | 行动 6 | 10 | 4 | 4 | 6 | … | … | … | … | … | 6 | 6 | 5 |
| | 行动 9 | 18 | 17 | 15 | 13 | … | … | … | … | … | 9 | 14.4 | 13 |
| 策略三 | 行动 11 | 11 | 7 | 9 | 12 | … | … | … | … | … | 12 | 10.2 | 11 |
| … | … | | | | | | | | | | | … | … |
| | … | | | | | | | | | | | … | … |
| 策略五 | … | | | | | | | | | | | … | … |
| | … | | | | | | | | | | | … | … |

第三步:总经理/部门负责人参考上表,结合自己的观点,确定十件要事,并阐述原因。

**实操技巧**

①使用在线表,同步评分,过程透明,即时出结果。

②总经理最好不要实时同步展示自己的选择和排序结果,避免影响其他人的判断。

③虽然以"十件要事"为例,但公司和部门究竟需要聚焦多少件事,请使用者根据自己企业规模、团队人数、能力情况等自行决定。数量选择建议为 3~10 件,最好不要超过 10 件,避免过多分散精力。

④要对这些要事立项进行专门的项目管理。比如公司层面的一件要事是"打造爆品，聚焦核心年轻人群的年度产品策略和新品上市规划"，这是一个非常复杂的项目，需要由产品部牵头，以及研发部、市场部、运营部、财务部等各个部门各司其职进行配合，项目持续时长可能会跨越全年。如果这个事情足够成功，会对战略目标的达成起到举足轻重的作用。因此，一定要对这件要事立项进行专门的项目管理，后面会详细介绍具体做法。

关于公司领导如何做决策，著名产品人梁宁曾分享联想集团老总的一种说法："听多数人的意见，和少数人商量，最后老板自己拍板。"这与我上面介绍的筛选十件要事的实用土方法背后的逻辑如出一辙。年度规划一页纸的行动计划来自自下而上的提案，是通过核心人员的讨论共创出来的，这是"听多数人的意见"；参与共创的人经过深思熟虑后对每件事的重要性进行评估，并按照平均分排序，众人的观点因此变得数字化、可视化，十件要事因此自然而然地浮现出来，这是"和少数人商量"；最后让总经理/部门负责人做决策，这是"老板自己拍板"。也许老板的最终选择不一定和大家完全一样，但通过这样的过程，大家能亲身体会到大部分人的意见是趋向一致的，对这些事项的重要性会有更深的理解。

## 5.6　找策略抓手的三个方法论

在《爱丽丝梦游仙境》中有这样一个情节：

爱丽丝走到了一个十字路口，不知何去何从，于是向猫请教："请你告诉我,我该走哪条路?"

"那要看你想去哪里?"猫说。

"去哪儿我都无所谓。"爱丽丝说。

"那么,你走哪一条路,也就无所谓了。"猫说。

猫的回答颇有哲理:如果我们不知道要去往何处,那么,选择任何道路都没有什么区别。所以,我们要先有目标,然后再选择走哪条路,奔往目标。

通过公司战略解码共创会和目标评审会,公司和部门的目标已经正式确定,接着新的问题出现了:到底走哪条路,完成哪些任务,穿越哪些障碍才能走到目的地呢?不是每个人都清楚地知道应该具体做哪些事情,做完了是不是就能完成目标。即使有了策略,通常也只是有了大方向,还需要通过复盘、分析、探索,找到各种策略抓手,也就是能带来业务增长的行动计划。

在这一节,我们先来学习找策略抓手的 3 个方法论——增长模型、MECE 法则、增长流程,以统一认知,实现理论同频。在下一节,我们再来学习找策略抓手之五部曲,从而一步步夯实年度计划,输出具体的行动计划,达到能力同频。

## 5.6.1 增长黑客的增长模型

一位保险销售培训师在课堂上曾经与学员进行过以下这样一段对话。

学员:老师,我的目标是在一年内赚 100 万元,如何才能实现呢?

老师：那你相不相信自己能达成？

学员：只要我肯努力，一定能达成。

老师：我们来分析一下可行性。根据提成比例，你想赚100万元佣金，就要完成300万元的业绩，这意味着你每月要完成25万元的业绩。假设你全力以赴，甚至周末也不休息地一个月工作30天，那么，你每天要完成8 300元的业绩。这样算下来，你一天要拜访多少客户？

学员：大概50个人。

老师：一天拜访50个人，一个月要拜访1 500个人，一年要拜访18 000个人。如果是陌生拜访，你和每个人平均要谈多长时间？

学员：20分钟吧。

老师：每个人谈20分钟，一天谈50个人，也就是说，你每天要花将近17个小时的时间与客户交谈，这还不算花在路上的时间，你能做到吗？

学员：不能。老师，您的意思是说这个目标根本不能实现吗？

老师：倒不是一定做不到。如果你能提高客单价或成功率，比如翻一倍，那你每天只需要花8个小时甚至更少的时间和客户交谈，就能达成你的目标。不同的做法决定了你的目标能否达成。

学员：老师，我懂了，谢谢您！

在这个故事里，按原来的思路，要想达成目标，保险销售员一天要不吃不喝花将近17个小时的时间拜访客户，这显然是不现实的。但如果改变关键变量，比如使客单价或者成交率翻倍，则保险销售员每天只需花8个小时甚至更少的时间来拜访客户，这是有可能实现的。这位培训师之所以能促使目标最终达成，是因为他先把目标拆解成了关键变量，再深挖影响着这些变量的关键因素，从而找到策略抓手和关键变量之间的关系，主动影响变量，使目标有了实现的路径。

有些创业公司的目标是拍脑袋决定的，下属说自己做不到，公司就降低目标，很遗憾地错过了发展的机会。其实当发现目标很难完成时，一定要转换思维。该改变的不是目标，而是关键变量、策略抓手、实现路径。正确的共识应该是：目标源自战略定位，这是锚定点；一起探索策略抓手去改变关键变量，拓宽思路寻找新的做法，研究怎样才能做得到，才是正确的方式。

那么，怎么才能找出关键变量进而找到有效的策略抓手呢？

增长黑客（Growth Hacking）或许能帮助你解决这个问题。

增长黑客的概念最早源于硅谷创业者肖恩·埃利斯（Sean Ellis），它指的是综合且创造性地运用数据、技术、实验等手段，为产品或公司找到用户增长方式，从而构建可持续发展的增长引擎。

近年来，增长黑客成了中国互联网行业的热词，并由于互联网创业潮的兴起而被广泛运用。《硅谷增长黑客实战笔记》一书的作者曲卉，和我一样是高维学堂的常驻导师，她曾在"增长黑客之父"肖恩·埃利斯麾下担任增长负责人。她在书中写道："增长的精髓是一套体系和方法，它以数据为指引，以实验的方式，系统性地在用户生命周期的各个阶段（包含用户获取激活、留存、推荐、变现、回流等），寻找当下性价比最高的机会，在具体的执行上横跨市场、产品、工程、设计、数据等团队，通过快速迭代实验的方式达到目标。"⊖

---

⊖ 曲卉.硅谷增长黑客实战笔记[M].北京：机械工业出版社，2018：Ⅶ.

好的方法总是殊途同归，肖恩·埃利斯在 2010 年创造了这个寻找增长点的理念和方法论，其实宝洁公司多年来一直在使用类似的方法。宝洁内部将其称为"Pilot Test"（领航实验），即基于数据分析找出最大的问题点和机会点，做最小范围的领航实验，一旦验证成功，就分阶段迅速推广，在这个过程中，还要及时总结成功经验，并将其沉淀为公司的标准和流程。

宝洁人已经习惯了不断探索新的增长点，主导或参与各种各样的领航实验。我在宝洁工作了 14 年，几乎每一天都亲身经历处于各种阶段（设计期、测试期、推广期、迭代期等）的领航实验，也亲眼见证了这个方法的有效性。为了更易于大家理解，在此，我借用现在非常流行的增长黑客概念来解释这个有着相同内核的增长方法。

在我看来，这套方法的最厉害之处在于，它将业务总结、提炼为数学公式，把生意变成了数学题来求解。"如何能获得增长"本来是一个开放性问题，很难找到答案。但找出各种关键变量和影响关键变量的因素之间的关系，把开放性问题变成一个又一个封闭性问题，就能轻松地找到解法了。

下面我们来了解有关增长黑客的三个重要概念：三个实验步骤、漏斗模型、增长模型。

### 1. 三个实验步骤

企业的新增长点完全可以按照科学实验的方法试出来：对准一个目标，先假设可以做什么，设计实验方案，再进行测试验证，最后分析测试结果，如果对就推广执行，如果不对就修改或者换下一个方案，继续测试。

三个实验步骤是指"假设—验证—执行",如图 5-2 所示。

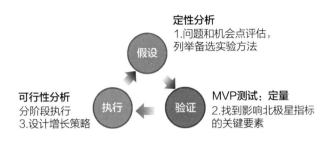

图 5-2　三个实验步骤

(1)第一步:假设

假设即定性分析后,提出假设,列举备选方案。

对准你的增长指标,通过对问题点和机会点的定性分析,假设做什么动作可能带来增长,把备选方案尽量都列举出来。这些问题点和机会点应由团队共同找出,然后进行重合度分析,找到策略切入重点。在后面的章节中,我会具体介绍定性寻找问题点和机会点的方法和工具。

在这之后,对这些备选方案进行评估并排序,按先后顺序逐个测试、验证。

在增长黑客里,增长指标有个专用称呼叫"北极星指标",曲卉在《硅谷增长黑客实战笔记》中这样解释:"之所以叫北极星指标,是因为这个指标一旦确立,就像北极星一样,高高闪耀在天空中,指引着全公司所有人员向着同一个方向迈进。这个指标应该是全公司统一的成功指标。"⊖

北极星的作用是指引方向,这个概念适用于各种组织。但随着组织的发展,北极星指标会发生相应的变化,同一家组织在不同时期会有不同的北极星指标。比如,在电商平台创建之初,其北极星指标往往是访

---

⊖　曲卉. 硅谷增长黑客实战笔记 [M]. 北京:机械工业出版社,2018:15.

问量,因为此时这个平台没有什么知名度,需要将访问量作为聚焦的着力点;运营一段时间后,电商平台的访问量逐步上升、达到预期,这时的北极星指标应该调整为转化率,因为商业变现是商业模式成功的里程碑标志,光有流量无转化,企业将难以为继。在同一个公司的各个部门,也可以各自定义出本部门北极星指标,比如销售部的北极星指标通常是销售额,供应链部门的是按时交付率,客服部的是售前组的下单量。

（2）第二步：验证

验证即做 MVP（Minimum Viable Product,最小可行性产品）测试,定量分析结果。

MVP 是一种产品理论,MVP 测试又被称为最小范围测试、最简可行化分析。在第一步中,各种备选方案已被列举出来,通过做 MVP 测试,可以将最少的资源投入真实的业务场景,最快获得实验结果数据,从而找到影响北极星指标的关键要素和有效动作。

举个例子,某餐饮连锁企业确定的北极星指标是翻台率,定性分析后,列举出来的前三个实验方案分别是：增加菜谱里的套餐品种;调整餐桌比例,提高小桌占比;对店铺进行全面改造、装修,从休闲风格转向商务便捷风格。

该企业在全国有 200 家分店,而其确定的 MVP 测试范围却很小。每个实验方案仅挑选总部和外区各 2 家店进行测试,即在 6 家店中分别测试 3 个方案,这样,这家餐饮连锁企业可以在一个月内同时获得 3 个方案的 A/B 测试数据。后续可以以此为参考扩大测试范围,并且,这些数据也能为聚焦某一方案提供支持。

（3）第三步：执行

执行即评估可行性，分阶段推行。

如果数据表明有些MVP测试成功了，恭喜你！但此时最好不要马上将其推广到最大范围，而应进一步评估将其推广至更大范围、更长时间的可行性，制定分阶段推行的增长策略。因为即使做同一件事，在最小范围和最大范围所需要的资源和配套的组织能力也是不一样的。

继续以上述餐饮连锁企业为例，MVP测试结果表明，将增加菜谱里的套餐品种和提高小桌占比这两个方案结合在一起效果最好，但如果将其同时推行到全国200家店，需要很长一段时间来做准备，沟通难度也会因此增加。因为各地顾客的口味不一样，套餐组合设计也应该不一样。虽然提高小桌占比的方案在两个测试门店中达到了良好的效果，但如果大量门店同时撤走大桌，那么处于非商务区的门店的销售总额会受到影响，因为这些门店的家庭聚餐贡献占比较大。因此，需要进行顾客行为分析，对全国的门店分级分类，制定不同的执行标准。如果不做进一步调研，直接将方案推广到全国门店，有可能问题百出。但如果等到这些准备工作全部完成才推广，又会花费大量的时间，导致错失生意机会。

权衡之下，该企业最终决定：从全国6个分区中分别挑选出5家店，进行第2轮测试，并且要求区域对接人提交根据本区域测试情况制订的建议方案；之后再根据第2轮测试的数据和区域对接人的建议方案，制定全国推行分级标准，进行全国推广。

## 2. 漏斗模型

漏斗模型是一套流程式的数据分析方法,是能够科学地反映用户行为状态以及从起点到终点各阶段转化率情况的重要分析模型。漏斗模型普遍适用于互联网产品,如网站、App、小程序等,其他产品也可以借鉴其思路。它让企业可以关注到用户选购的全流程,监控用户在各个层级的转化情况,聚焦于最有效的转化路径,并帮助企业找到可优化的短板,促使企业采取行动提升用户体验。

通常来说,产品的用户行为分析可以分为 5 步——获客→激活→留存→购买→推荐(即 Acquisition → Activation → Retention → Revenue → Referral,因此漏斗模型也被称为 AARRR 模型),如图 5-3 所示。

图 5-3　漏斗模型(AARRR 模型)

在这五个环节中,用户流失现象都有可能发生。如同漏斗一样,每一步都会流失一部分用户。当然最完美的增长形状应该是圆柱形,但这只是一个不可能实现的美好希望,谁也不能做到每一步都达到 100% 的转化。不过,如果你能找出哪一层漏掉的用户最多,把缺口堵上,就能获得增量。这类似木桶原理:木桶装水量的多少是由其短板决定的,如果你能找到短板，集中精力把短板补上，就能提升整体效能。

因此，当你急于提升业绩或发现业务指标下滑时，要先冷静下来，分析一下用户行为，找一找业务短板在哪里，集中精力和资源把短板补上。这个短板就是你的策略重点、切入点。如果不加分析就着急地把能想到的事情全都做一遍，往往收效甚微。这就相当于你把木桶的每一块板都补长了一小块，结果木桶还是装不了多少水。

降低用户流失率是运营的重要目标。通过对不同层级流转情况的把握，迅速找到流失环节，有针对性地进行分析，找到可优化点，可以大大提高整体留存率。而通过漏斗各环节相关数据的比较，能直观地发现问题、找到问题的根源。

漏斗模型是一种分析思路，它强调的是，数据的监测与分析至关重要，基于数据的决策使资源投放更加精准。漏斗模型不仅可以应用于流量监控、产品目标转化等日常运营工作，还可以用来梳理、分析不同业务的流程（如新品上市流程、产品交付流程、员工招聘流程等）状况，找出关键症结点，寻找机会点，从而有的放矢。

### 3. 增长模型

增长模型就是把生意变成数学公式，揭示影响增长的主要变量及其互相作用关系，通过对变量的量化分析，找到用户行为漏斗的关键点（最大机会点或流失点），采取行动进行有效干预，获得增量。

下面我以某电商网站为例，通过它以销售额为北极星指标使用增长模型工具的整个过程来简单介绍构建并使用增长模型的3个步骤，如图5-4所示。

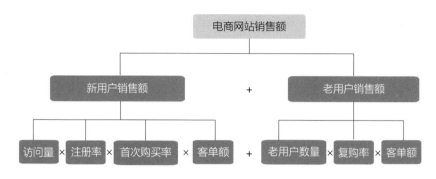

图 5-4　某电商网站增长模型示例图

**第一步，梳理用户旅程。**

记录用户和产品发生关系的各个步骤，初步建立用户行为漏斗。电商网站的用户通常分为新用户和老用户两大类，在和北极星指标相关的行为中，新用户的行为主要是访问页面→注册→购买，老用户的行为主要是复购。

**第二步，揭示影响增长的所有变量，列出变量指标的关系方程式。**

这一步实际上就是构建增长模型，给用户行为找到相应的指标并形成公式。电商网站新用户行为对应的指标有访问量、注册率、首次购买率、客单额，这几个因素之积就是新用户的销售额。老用户的销售额公式为：老用户销售额 = 老用户数量 × 复购率 × 客单额。新、老用户的销售额相加，就是电商网站的销售额。

**第三步，量化指标，进行机会点优先项排序。**

给各项指标放上相应数据，采用对标法找出机会点。如果对标竞品，对照竞品数据就能找到自己的短板，也就找到了产品和竞品的最大差距所在。如果对标自己，把自己最近的数据和之前的数据进行比较，就知道自己最大的问题所在。接下来再进行机会点的优先项排序，评估所需资源、复杂性、时长等，决定最先采取行动影响哪个变量。

### 5.6.2 MECE法则

MECE法则来自著名的管理咨询公司麦肯锡，咨询顾问芭芭拉·明托（Barbara Minto）在其著作《金字塔原理》中分享了这一枚举分析法。MECE法则不仅是一种数学分析方法，还是一种结构化思考方式，现在已经得到了广泛的认可，并应用于多个领域。

MECE是英文"Mutually exclusive and collectively exhaustive"的缩写，这句话可直译为"相互独立，完全穷尽"，通俗的理解是"不重复、不遗漏"，更简短的表达是"不重不漏"。它能让我们思考问题更全面，更系统，包括两个关键点：

- **相互独立**：每一层的观点或问题都没有重复、交叉，这就确保了精力不会被浪费在同一个点上。
- **完全穷尽**：每一层的观点或问题都穷尽所有可能，没有遗漏，这就保证了思维的严谨性，不会错过机会。

MECE法则能帮助管理者分析问题出现的原因，寻找解决措施，并做出决策。在商业领域，如果在分析问题时能做到每一层都不重复、不遗漏，就不会错过机会点，也不会产生资源浪费。

有一个有趣的小技巧能使你充分运用MECE法则：你可以把"MECE"当作形容词，读音是[mī xī]，在拆解分析每一层时都问问自己，"这层的分类已经'MECE'了吗？"这样就能养成在分析时不断检核每层的思考是否做到了"不重不漏"的好习惯。

想象一下，你打算设计一个方案，希望它能覆盖所有人群，那么，应该如何对人进行分类呢？如果把人分成老年人、中年人、青年人，就遗漏了小孩这个群体；如果把人分成男性和成年人，成年的男性就被重复计算了，而且还遗漏了女性群体；如果把人分成男性、女性、小孩，小孩群体就被重复计算了。按照这3种分类方式做活动，会导致两种结果：要么你会漏掉一些人群和对应的生意机会，要么你会在同一个人身上投入两次。而只有把人分成男性、女性，才"MECE"了，所有人都能被覆盖到，既不重复也不遗漏，如图5-5所示。

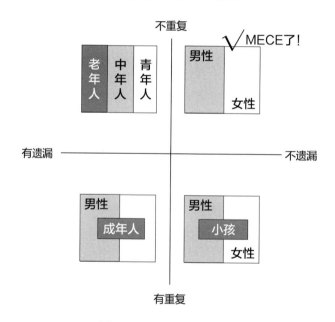

图 5-5　MECE 法则示例图

在分析问题、寻找解法的实操中，应如何使用 MECE 法则呢？我建议分以下四步，如图 5-6 所示。

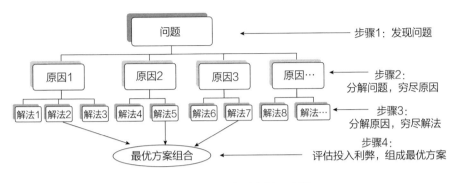

图 5-6　MECE 法则实操四步骤

1. **步骤1：发现问题**

发现问题，并简短地描述出问题。

2. **步骤2：分解问题，穷尽原因**

细化分拆问题，尽可能地将可能导致问题的原因全部列举出来，并从各种原因里找出主要原因，即找到根因。

3. **步骤3：分解原因，穷尽解法**

针对每一个主要原因继续进行分解，寻找解法，并尽可能将相应的解法全面列举出来。在这一步，头脑风暴是个不错的方法。

4. **步骤4：评估投入利弊，组成最优方案**

现在，你的手上已经有针对主要原因的各种解决方法供选择了，这时，你需要评估每种解法的利弊、可行性以及所需要的资源，从中选择花钱最少、见效最快、适用范围可接受的方法进行组合，形成当下的最优方案。你也可以请相关人员对各种解法进行评估和打分，然后根据分数高低决定最后的组合方案。

在运用 MECE 法则时，分解至关重要。在此，我推荐 5 种行之有效的分解方法：二分法、流程法、要素法、公式法、矩阵法。

**1. 二分法**

把一个事物分为 A 和非 A 两部分，这样可以将所有情况囊括。比如国籍，可以分为中国和外国，这样如果一个人不是中国人，那他一定是外国人。

**2. 流程法**

按照事情发展的时间、程序对信息逐一进行分类，流程图、日程表等运用的都是流程法。

**3. 要素法**

要素法又被称为结构法，这种方法把事物看作一个整体，然后拆分为不同的构成部分或组成要素，来说明事物各个方面的特征。可以从上到下、从外到内进行分类，也可以从整体到局部进行分类。以工作总结为例，按照要素法，它可以采用这样的结构：第一层总结过去，规划明年；第二层把对过去的总结分为工作成绩和不足两部分，把对明年的规划分为保持成功、改进不足、继续创新三部分。

**4. 公式法**

公式法是用精准的指标和数据进行逻辑推断。对公式中涉及的要素进行分类，找出各要素之间的关系，按逻辑归纳在一起。前面介绍的增长模型就运用了公式法。

### 5. 矩阵法

矩阵法就是将二分法运用两次，第一次采取一种分类方式，第二次采取另一种分类方式，然后把两个不同的类别进行交叉，形成四个象限，构建一个模型。矩阵法也是经典的分析框架思路，通过二维四象限更形象地展现抽象的事情，时间管理矩阵、波士顿矩阵都是矩阵法的典型应用。

当然，分解方法不限于这 5 种，还有很多，但是无论怎么分解，请记住各层的分观点要始终保持"不重不漏"，再下一层的小观点也要"不重不漏"，要穷尽所有可能而又共同指向上一层的相应观点。

## 5.6.3 增长流程

前面学习到的增长模型、MECE 法则是结构化分析的理论基础。接着，我们来学习第 3 个方法论——增长流程。增长流程能指导我们综合运用前面的理论，从整体出发，全面思考，深度聚焦，拥有极强的大局观和聚焦力。

增长流程的操作步骤，如图 5-7 所示。

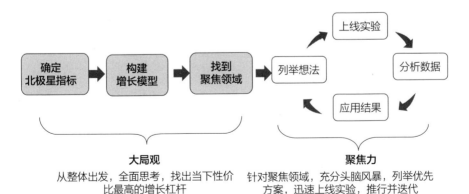

图 5-7 增长流程的操作步骤

第一，确定北极星指标，为团队指引方向，明确任务的优先级。

第二，构建增长模型，用数学公式来描述生意或业务的构成，即把影响北极星指标的关键变量及影响关键变量的各层级因素按逻辑关系以方程式的形式呈现出来。

第三，找到聚焦领域，在增长模型中代入各个变量的数据，用对标法进行比对、跟踪，继续往下拆解影响因素，直到找出差距最大、占比最重或影响最大的因素。

通过以上三步，就能瞄准北极星指标，从整体出发进行全面排查、全面思考，找到当下性价比最高的增长杠杆支点。接下来的四步则针对已经找到的聚焦领域，展开充分的头脑风暴，群策群力，探索各种可能的行动方案，将其一一列举出来并排序，按照优先级顺序迅速上线进行最小范围的实验，尽快获得数据以分析进一步推进的利弊，如果可行就尽快推行至更大范围并不断迭代。

增长流程并不复杂，但其有效性会受到团队专业程度、流程运用熟练度以及团队文化的影响。这三方面的提升，需要管理者有充足的耐心，持续为团队宣讲和赋能，并在团队实际协作中引导员工不断刻意练习。

下面分享一个使用增长流程的经典成功案例，这是一个由宝洁中国发起、帮宝适品牌领导的婴儿护理中心项目，它重塑了中国零售卖场的品类管理方法，更改变了消费者的购物习惯。作为该项目组的成员之一，我很荣幸曾亲历其中。

帮宝适是宝洁的婴儿纸尿裤品牌，于1997年进入中国。当时中国家庭使用的大多是需要重复清洗、晾晒的尿布，用完即弃的纸尿裤因为使用方便、省时省力而赢得了很多消费者的心，市场增速迅猛。拥有卓越性能和能带来良好体验的帮宝适更是很快成为纸尿裤市场的引领者。作为排名第一的领导品牌，2003年帮宝适占据了超过45%的市场份额。

在这之后，越来越多的品牌在市场上涌现出来，中国的纸尿裤市场竞争日益激烈，帮宝适的先发优势渐渐消失。虽然已经在纸尿裤市场占据了近半壁江山，帮宝适下一年的目标依然是继续引领品类的增长，进一步拉开和第2名的差距。而要在高速增长的市场上维持品牌主导地位，帮宝适需要保持非常大的增速。

宝洁人习惯于力求做到最好，习惯于不断创新，所以帮宝适的战略定位和目标得到了宝洁上上下下的认可。但更重要的是怎么才能做到，这才是宝洁人的价值所在。

宝洁有个市场策略计划部（Market Strategy & Planning），是连接品牌部和客户业务发展部、专门转化品类战略为市场策略与计划的部门。这个部门一如既往地运用增长流程，为帮宝适再次找到了新的增长点。

它是怎么做的呢？

**第一，确定北极星指标**。先确定帮宝适品牌的市场份额目标，然后再通过计算将其转化为销售额目标。

**第二，构建增长模型**。市场份额＝渗透率×购买力×忠诚度，更直接的换算公式是：销售额＝购买人数×客单价×购买频次。其中，购买人数可继续分解为不同渠道的购物者，包括现代渠道（大卖场、中小型超市、百货商店、会员店）、批发渠道、母婴渠道等；客单价可以再分解为单次购买个数与单次购买金额两个因素；购买频次可以分解为淡季与旺季的购买次数。当年我们分析的维度更多、更深，在此就不一一展开了。

有了增长模型，接下来就要代入数据进行分析。当时不像现在有那么多信息系统、自动化设备，宝洁只能用非常原始、简陋的方式来收集数据：基层业务员手工填写纸质报表，客户经理将报表一个个录入当时还很罕见的手提电脑中，然后再通过电话线上网，传输回总部。市场策略计划部在收到各渠道的数据后，对数据进行了汇总、分析，渐渐地，有价值的切入点有了眉目。

**第三，找到聚焦领域**。市场策略计划部从整体出发，对纸尿裤品类各个渠道的销量进行了比较、分析，发现超过70%的销量是由现代渠道贡献的，而仅大卖场和中小型超市（后面统称为超市）就贡献了一半以上的销量。也就是说，把握住超市里的购物者，就把握住了品牌增长的核心人群。那么，怎样做才能提升这些购物者的购买总额呢？市场策略计划部进一步对超市的数据进行了细化分析，找到了很多潜在的机会点，并且发现一个很有意思的现象：超市里含纸尿裤的购物篮的单次购买个数低于平均水平。举例来说，就是买了纸尿裤的购物者在大卖场里购买的商品平均数量是5个，而没有买纸尿裤的人购买的商品平均数量是8个。为什么会出现这种情况呢？

通过定性和定量分析，市场策略计划部发现这里存在一个潜在的新增长点。因为买纸尿裤的人通常是妈妈，在还没有电商的2003年，她们在超市找到自己想买的东西并不容易。一方面，她们挂心家里的孩子，因而花在超市的平均时间比其他人要少；另一方面，有了孩子后她们的采购清单中的品类数更多了，不像以前只是买菜、买日用品，而是一会儿要到纸品区买纸尿裤，一会儿要到服装区买宝宝衣服，一会儿要到冲调食品区买奶粉。她们的购物时间少，又要在不同的品类陈列区穿梭寻找，所以在超市购买的商品个数相对就少。这些妈妈有钱吗？当然有！2003年纸尿裤的市场渗透率还不高，购买纸尿裤的家庭通常是相对富裕的家庭。这些妈妈有钱但没有时间，找到方法让她们在单位时间内买到更多需要的东西，就是生意增长的机会点。换句话说，关键变量就是客单价里的单次购买个数，要找到影响它的有效行动。

那么该往哪个方向采取行动呢？也就是，策略应该是什么呢？一般人会马上想到去抢竞争对手的份额。但是宝洁的想法却与众不同，它马上想到的是如何在超市中实现高效协同、更好地满足购物者的需求。因为宝洁是许多品类的绝对领导者，习惯于通过更好地响应甚至创造用户需求来做大品类的市场，使客户、消费者、品牌达成三赢。在宝洁看来，市场领导者应该主动承担教育消费者、把品类蛋糕做得更大的责任，而把这一点做好后，市场领导者也会是最大的受益者。这是一种更高的格局。宝洁之所以能得到消费者、合作伙伴甚至竞争对手的尊重，原因之一正在于此。

**第四，列举想法**。结合数据和分析结果，市场策略计划部连同品牌部、市场部、客户业务发展部甚至外部的客户分批、多轮进行头脑风暴，进一步深度讨论问题点和机会点，探讨各种可能的做法。最后，以下这三个行动被筛选出来做实验。

一是动线调整。将纸尿裤陈列在人流量大的动线主干道上，比如在卖场主通道摆上纸尿裤堆头，看见的人多了，买的人可能就多了。

二是关联陈列，优化品类管理。将与婴儿相关的品类聚集在同一个区域，使妈妈们在单位时间内能看到和选购更多需要的商品，刺激其购买欲望。

三是采用多买多优惠的促销方式。比如"买一包是原价，买两包打八折，买三包打七折"等阶梯优惠方案设计。

**第五，上线实验**。以上三个行动最先在北京华联（当时北京华联是中国零售业中名列第三的大卖场品牌）的武汉分店进行了尝试。北京华联和宝洁是战略合作伙伴，都是"高效消费者响应"（ECR）的坚定拥护者，ECR的核心理念是通过了解消费者当下的需求和预判其将来的需求，对不同客户采取不同的商业行动和解决方案，从而创造客户价值。

当年我正任北京华联的专属客户经理，被派驻到武汉，全程参与了初期的组合方案试验以及后来逐步成形的"北京华联宝宝屋"项目——这也是中国第一个婴儿护理中心项目的领航实验。我参与和主导了其中的很多部分，包括购物者研究、对客户相关人员的品类管理培训、门店安装婴儿护理中心区域、定期跟踪、反馈总结等。

通过高效选品、关联陈列，我们把与婴儿吃、穿、用、玩相关的商品集中起来，并设置了易见、易找、易选的7个品类分区：食品区、日化区、纸尿裤区、服装区、家具区、游乐区、培训区。我们帮助卖场设计了统一的"宝宝屋"，为妈妈们提供消费者教育以及商品知识介绍、联合活动等。我们还同其他婴儿领导品牌合作，安排导购员介绍育婴方法和商品，以帮助购物者增长育儿的知识，举办宝宝趣味竞赛等活动。

武汉的成功案例在当年被推广到了北京华联的其他22家门店。北京华联的采购总监唐剑钦曾经分享过成功经验："我们已在全国22家门店基本做到了商品结构统一、陈列方式统一、企划布局统一、促销形式统一。通过推行品类管理，实现了卖场与购物者、供应商三者的互动。"㊀

**第六，分析数据**。我们对项目进行了定期回顾，后期更是对成功举措和不足之处进行了详细的总结、复盘、分析。总体而言，北京华联的婴儿护理中心项目取得了非常好的效果，实现了"3赢"。

一是零售商很高兴，因为购物者的单次购买量和零售商的婴儿品类客单价有了显著提高，北京华联高层还曾在第5次亚洲ECR大会上介绍过婴儿护理中心的案例。

二是消费者很高兴，这体现在顾客满意度有了极大的提升。婴儿护理中心通过商品集中陈列提高购物便利性的举措，尤其令妈妈们满意。

三是宝洁很高兴，因为帮宝适的客单价和销售总额也有了大幅度的提升。

**第七，应用结果**。婴儿护理中心被迅速推广到北京华联在全国的所有门店。在2005年，宝洁还将同样的模式分批推广到全国1 000家KA大卖场。㊁前面我们已经进行了分析，帮宝适的核心人群有一半集中于现代渠道中的大卖场和中小型超市，所以，这种模式也要推广到中小型超市，但不可能在每个中小型超市都施行全套版本，因为各种投入和成本很高。宝洁内部有分享优秀案例进行知识沉淀、输出标准的好习惯，从一个成功案例中能提炼出不同版本，适用于不同业态。宝洁的市场策略计划部很快就把领航实验的精髓提炼了出来，形成了不同的标准，然后迅速向全国的中小型超市推广简化版，向更小的传统渠道门店推广一页纸方案，

---

㊀ 唐剑钦.北京华联和中国宝洁婴儿护理中心[EB/OL].（2003-05-29）[2022-03-28]. http://www.ancc.org.cn/News/article.aspx?id=347.

㊁ KA即Key Account，中文意为"重要客户"，对企业来说，KA大卖场就是营业面积、客流量和发展潜力等方面都处于优势的大终端平台。

并以各种业态的小范围试验的成功案例作为示范，教中小型超市和渠道门店的经营者高效选品，集中陈列婴儿相关商品，进行关联互动，做顾客教育。这些举措一步步改变了消费者的购物习惯，为零售商和消费者创造了巨大的价值，并做大了品类，同时也使帮宝适获得了迅猛增长。婴儿护理中心就这样改变了购物者的习惯，组建出来一个巨大的新品类集群"婴儿护理品类"。2005年，帮宝适的增长继续引领纸尿裤品类，市场份额一度高达58%，真的一骑绝尘，傲视群雄！

通过瞄准北极星指标、不断探索新增长点，帮宝适找到了策略抓手，获得了巨大的成功。其实，不仅是帮宝适这一个品牌，宝洁旗下的所有品牌都在按照增长流程的思路不断地探索增长点、创新、迭代。宝洁在品牌、营销、供应链等多个领域的成功做法，都源于宝洁人探索和创新的好习惯——用科学的方法把最有可能成功的点试出来，把可行方案提炼成可复制的标准。宝洁人早已习惯了每天尝试新的做法，每天做最小范围的各种试验，有时尝试20个方案能有一个成功就已经值得欢呼了。人前看似云淡风轻，背后都是百炼淬金！**增长本就是关乎专业、流程和文化的团队协作创新。**

你看，在帮宝适已经是排名第一、占市场半壁江山的绝对性领导品牌情况下，我们依然能够通过增长流程找到如此强有力、健康、可持续发展的策略抓手。希望这能给你带来一些启示和信心：如果你的品牌现在还不是No.1，市场份额还没有占到50%，那意味着还有很多问题点和机会点值得探索，意味着还有巨大的发展空间，关键是要通过科学的方法找到策略抓手。

## 5.7 找策略抓手之五部曲

上一节介绍了找策略抓手的3个方法论，这一节我们来了解找策略抓手的五部曲：第一步，定性寻找问题点和机会点；第二步，构建抓手货架，定量找出关键任务；第三步，增长抓手量化及可行性分析，确定聚焦重点；第四步，检验抓手充足性；第五步，目标及预算多轮校准后确定抓手。

### 5.7.1 会议4：部门预算启动会——定性寻找问题点和机会点

公司层级的全面预算启动会和目标评审会完成后，公司和部门的目标就正式确定下来了。有了方向，该从哪里着手去执行呢？这是"6个会议"中第四个关键会议——部门预算启动会要解决的问题，这也是定性寻找问题点和机会点的启动会，是找策略抓手之五部曲的第一步。

接下来，我以业务部为例，介绍部门预算启动会的操作指南。

**1. 参会人员**

部门负责人、子团队主管（如业务部的主管，包括各渠道平台、商品管理、客服、设计、推广的主管等）。建议部门负责人选择一位主管来主持会议，请提前赋能此主管。

**2. 会议目的**

通达预算任务，明确期望输出；以"工作坊"⊖赋能主管掌握工具方

---

⊖ 工作坊（workshop）是目前越来越流行的一种学习方式，一般而言，工作坊是以一名某个领域富有经验的主讲人为核心，小团体在该名主讲人的指导之下，通过活动、讨论、短讲等多种方式，共同探讨某个话题。

法，转训子团队找出业务问题点和机会点。

### 3. 会前准备

告知参会者带上复盘数据、资料，准备好将要分享的业务问题点和机会点。

### 4. 会议流程及内容概要

①主持人分享会议的目的、议程、任务等。其中，会议基调是群策群力，共商部门可能的策略抓手。参会者的任务是现场学习演练工具的使用，会后转训子团队找出业务问题点和机会点。终极任务是各主管在规定时间内输出费用预算计划。

②主持人讲授"问题点和机会点分析表"的使用方法。

③举行工作坊：现场主管每人填写一份"问题点和机会点分析表"，选组分享，部门负责人点评辅导。

④布置下一步行动，明确要求。比如，×月×日，转训子团队；×月×日，提交本团队的"问题点和机会点汇总"，协助部门负责人和主持人找出本部门策略抓手。

### 5. 问题点和机会点分析的方法和工具

如何用科学的方法一步步找出可能有效的行动呢？

这需要集合众人的智慧，收集大家对问题点和机会点的反馈，对现状和差距进行讨论、分析，找出问题点和机会点。不管是自己观察到的，还是客户或同事反馈的，抑或是搜索到的竞争对手的情况，都可以作为参考。所有行动都可以分为保持、改善、新增和停止四类，如图5-8所示。

图 5-8　反馈信息分类图

- 保持：原来做得好的应该保持，甚至加大力度。
- 改善：原来就做但做得不够好的要改进，从而增量或增效。
- 新增：通常是新增长点，不管是自己探索到的还是从竞争对手那里学来的，都可以先做测试，再推广至更大范围。
- 停止：目前效果很差的甚至有负面影响的，建议公司尽快止损。

可以利用的分析工具是"问题点和机会点分析表"，如表 5-4 所示。在部门预算启动会上，主持人应要求参会的主管每人填写一份"问题点和机会点分析表"，然后现场分享、讨论重要项。会后，主管要将这张表带回自己的团队，让他的下属们也来填写，从最基层开始收集信息，再根据重合度讨论、提炼出可能的切入点。在每个子团队都提交了"问题点和机会点汇总"后，部门负责人、主持人和主管们再一起探讨部门层级的机会点和关键行动。

**建议练习**

你可以尝试使用"问题点和机会点分析表"，收集、筛选各层级的意见，寻找可能的新增长点。

表5-4 问题点和机会点分析表

| 团队： | | | 反馈人： | | | | | |
|---|---|---|---|---|---|---|---|---|

1. 收集各维度的现状和建议

| (请列举需要了解的维度，以业务部为例) | 保持 | | 改善 | | 新增 | | 停止 | |
|---|---|---|---|---|---|---|---|---|
| | 具体描述 | 建议行动 | 具体描述 | 建议行动 | 具体描述 | 建议行动 | 具体描述 | 建议行动 |
| 产品 | 新品A系列投入额外费用，专款专用，使其在市场上更有竞争力 | 新品、原在售品费用分开核算，促进新品推广 | 消费者的口味变化得越来越快，我司只有一个品类的产品线，且新品研发太慢，失去了很多机会 | 加快新品研发进度，并在新品上市时制订完善的上市计划 | 运动场馆重度消费者多，需要饮用大包装的饮料 | 建议推出更大包装 | 香蕉口味在华北排名最末，且因销量不佳被多家连锁超市下架 | 公司可以调整口味，淘汰表现不佳的口味，提供新选择 |
| 覆盖 | | | | | | | | |
| 分销 | | | | | | | | |
| 价格 | | | | | | | | |
| 营销活动 | | | | | | | | |
| ... | | | | | | | | |

（续）

2. 填入排名前 3 的机会点

| 序号 | 维度 | 分项 | 内容 |
|---|---|---|---|
| 1 | | 具体描述 | |
| | | 建议行动 | |
| 2 | | 具体描述 | |
| | | 建议行动 | |
| 3 | | 具体描述 | |
| | | 建议行动 | |

具体来说，可以遵循以下步骤。

**第一步：列举需要了解的业务维度。**

不同部门关心的维度是不一样，表 5-4 以业务部为例，业务部关心的是产品、覆盖、分销、价格、营销活动等维度，你可以把这些维度列举在"1.收集各维度的现状和建议"表的第 1 列处。通过这一步，可以建立结构性思考的框架，让填写者在共识的重点范围内提出建议，而不是完全随机发散思维。

**第二步：填入各维度的现状和建议。**

每个维度的行动都可以分为保持、改善、新增、停止 4 类，每一类都留有 2 列空白，分别是具体描述和建议行动。这两者有因果关系：具体描述是客观呈现，即你观察到的或获得的数据、现象；建议行动是主观意见，即你根据自己所获取的信息做出的带有倾向性的行动主张。这一步的因果逻辑设计能帮助你梳理思路，引导你在填写的过程中根据事实做出判断，而不是进行毫无根据的主观臆测。

**第三步：填入排名前3的机会点。**

填写完各维度的现状和建议后，你要全面评估一下各点的重要性，选出最能带来业务价值的3点，然后在"2.填入排名前3的机会点"表里填入这3个机会点。这一步能帮助你对自由填写的建议做简单的综合评估，筛选重点。有重点后，大家的讨论才能有的放矢。

以上三个步骤能帮助团队迅速获得大量建议，并高效地商讨出重点。如果现场有10位主管，每人写出20个建议，总计就有200个建议供参考，而这只需要花不到1小时的时间。而且，200个建议中有肯定很多条都是类似的、重复的，因为大家都来自同一个团队。这些重合度很高的建议就是不同岗位的员工公认的问题点或机会点，需要重点关注。第三步完成后，大家摊开10份表进行分享，又会发现10个主管所提出的30个最高优先级的建议中有很多条是类似的、重复的，将这些重合度很高的建议筛选出来进行讨论，就能迅速商讨出整个团队可以切入的聚焦领域甚至部分行动的初稿。

这就是集体智慧的魅力，也是提炼问题点和机会点的科学方法。有一个实例能充分证明这种方法的有效性。

某饮料公司有6个销售区域，总部要求这些区域都使用"问题点和机会点分析表"来定性寻找问题点和机会点，从最基层的业务员到主管、区域负责人一层层地收集建议，然后根据重合度进行分析、归纳。最终，在提交到公司总部的汇总分析报告里，6个区域中有4个区域都提到了用户对更大包装的运动饮料的需求。

原来，一线业务员在运动场馆（如羽毛球馆、足球场）观察到，如果人们正在兴头上，可以一口气喝掉一整瓶600毫升的运动饮料，有时这些还不够喝。但你让他再去买一瓶，他却宁愿不要。运动饮料的重度消费者往往会在运动前就准备好大包装的饮料，比如1升装、1.5升装的饮料。而这家饮料公司的运动饮料最大的包装是600毫升的，所以经常不会被提前选购。

一线业务员发现这个机会点后，通过填写"问题点和机会点分析表"，向公司提议开发更大包装的产品。当各种建议被层层提炼，最后展现在销售部门负责人的面前时，已经是高度浓缩、重合度极高的机会点了。这个建议引起了销售部门负责人的关注，他要求各区域负责人收集竞品的相关数据和店主的反馈意见，初步验证了这的确是新的增长点。之后，他对这些数据和信息进行了整理，并将其发给公司的市场调研部、品牌部、总经理，正式提议推出更大包装的产品。公司也很重视这个建议，迅速成立项目组完成了定性定量分析，然后推出了1升装的运动饮料，以"及时充分满足"为概念，主推的使用场景为运动场馆。最终，这款新品为这家饮料公司带来了15%的销售额增量。

我将以上方式称为"集体头脑风暴"，通过这样的过程，每一个人头脑中的那些主观的、零散的想法都变得可视化，以一定的规则对那些重合度高的想法进行分析，就能提炼出最有价值的点子。通过定性归纳，策略和重要的行动计划就有了雏形。

> 实操技巧

①要激发参会者的积极性，提高他们的团队参与感。

评估问题点和机会点的关键之处在于，与参会者进行充分沟通，让他们认识到自己的建议能影响公司的策略方向，这样才能激发他们积极参与的热情，给出更加有价值的建议。如果参会者不理解这项工作的重要性，没有出谋献策、群策群力的讨论过程，他们所提出的建议往往会是非常敷衍的，甚至毫无价值。

马斯洛需求层次理论告诉我们，自我实现的需求是人类高层级的需求。每一个人都有自我实现的追求。你如果能用一个工具促使员工想出好建议，并且采纳这个建议，以其反哺业务、找到新的增长点，员工的心中会有一股自豪感油然而生："看！这个主意是我想出来的！公司真的听我的！"这种强烈的自豪感还会带来极佳的执行效果，形成良性循环。

②要锻炼主管的分析、统筹、归纳能力。

每一层的建议在汇总到一起后，往往是非常杂乱的。这需要主管们进行分析、统筹、归纳，这样这些建议才会以规整的、有逻辑的形式呈现出来。具体做法可以遵循以下三个步骤：

- 整理并选出多人重合项，按照排序选出每个维度的前3名。
- 经过讨论选出团队的前5项优先项，这5项就是这个团队可能的策略重点。
- 对这5项进行细化分析，并用数据进行验证。

③结合年度回顾，输出"问题点和机会点汇总"。

定性输出的策略重点还不足够可信，因此，管理者应结合业务回顾，用数据对这些策略重点加以验证。这样，下一次的部门主管再在会上一起探讨部门的策略重点时，就有了更可靠的素材。

## 5.7.2 构建抓手货架，定量找出关键任务

定性寻找问题点和机会点帮助管理者找到了策略可能的切入点，并形成了计划的雏形，接下来要做的是定量分析，确定可行性，最后再确定具体的策略，这就有了具体的策略抓手。在这一节，我们将学习如何定量分析，找出关键任务。

构建抓手货架是找策略抓手的一种有效方法，它会应用到增长模型和 MECE 法则，可以分为三个步骤：

- 第一步，用流程分解法拆解影响北极星指标的每个环节。
- 第二步，用要素分解法拆解每个环节对应的关键指标。
- 第三步，用对标法找出差距大或重要的机会点，层层深挖影响关键变量的相关动作。

接下来，我以茉莉美妆店为例来介绍如何构建抓手货架，以及从中找到扭转生意下跌局面的策略抓手。

茉莉美妆店最近三个月的业绩连续下滑，最近一个月的业绩更是相对上季度的平均月销售额下跌了30%。陈店长很着急，想采取一些行动提升销售额。以前，她会凭经验想到什么就做什么，相信努力总会有回报。不过，最近她学习了通过构建抓手货架定量找出关键任务的方法，于是，

她和团队一起按三个步骤来对当下的情况进行了分析,寻找问题点。

**第一步,用流程分解法拆解影响北极星指标的每个环节。**

首先,陈店长和团队将北极星指标确定为门店的销售额,对准这个指标,用流程分解法来梳理顾客旅程(即顾客从接近门店到在门店完成最后行为的整个过程)中的每一个环节,这些环节都有可能影响北极星指标的涨跌。

他们将自己代入顾客的角色,站在顾客的角度,按照时间的先后顺序列出了顾客旅程的6个相关环节——人来了→进店了→试试吧→决定买→买多些→再来买,如图5-9所示。

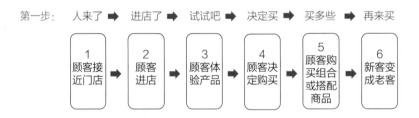

图5-9 构建抓手货架之流程分解法

那些走近门店的人就是门店的潜在顾客,在这些人中,一部分人会进店,另外一部分人不进店;进店逛逛后,一部分人体验试用了,另外一部分人不试用;试用后,一部分人决定购买,另外一部分人不打算买;决定购买的人又继续看看问问,一部分人买了搭配使用的套装,另外一部分人则只买了一个商品就走了;买过且用过后觉得不错的一部分人下次还会再来买,这部分人就从新客变成了老客。这就是顾客旅程。在这一步,管理者要脱离自己的角色本位,站在客观的角度进行梳理,这样才能拆解出 MECE 的各环节。

**第二步，用要素分解法拆解每个环节对应的关键指标。**

用要素分解法拆解每个环节对应的关键指标，再为每个关键指标匹配相关动作，一层层画下去，抓手货架就被构建出来了。因为它将各种彼此关联、互相作用的变量和因素的逻辑关系都形象地展示了出来，一个个策略抓手就像商店里摆满商品的货架一样，按需待选，所以我把它称为"抓手货架"，如图5-10所示。

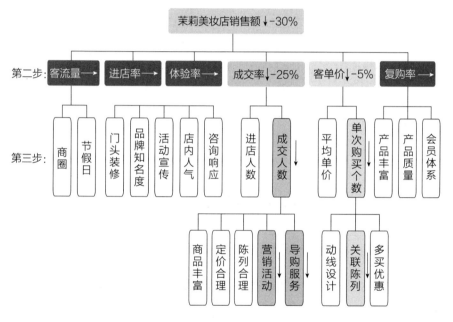

图 5-10 构建抓手货架之要素分解法和对标法

在这一步，应一一列出顾客旅程的每个环节所对应的关键指标，比如"人来了"与"客流量"相关，"进店了"对应着"进店率"，"试试吧"对应着"体验率"，"决定买"对应着"成交率"，"买多些"对应着"客单价"，"再来买"对应着"复购率"。这6个指标也是关键变量。

**第三步，用对标法找出差距大或重要的机会点，层层深挖影响关键变量的相关动作。**

列出关键变量后，接下来就要找出问题点或机会点，这时需要用数据来进行分析。如果是对标自己，就与自己不同时期的数据进行比较；如果要跟竞品比，就比较竞品的数据和自己的数据。如果哪个变量的数据和你选定的对标对象的数据有较大的偏差，那么，这个变量就是你应该关注的重点。

对创业公司来说，对标法是实用大法，不管是用"3赢原则"来定目标，还是构建抓手货架，还是日常沟通，都可以使用对标法。还是那句话：绝对值没有意义，相对值才能看出差距。

找到差距大的或者占比重的机会点，就找到了业务问题点和发展机会，再一层层往下深挖是什么影响着这个变量，找到根因并加以改善。

其实，这个过程也是构建漏斗模型的过程，每个环节都会漏掉一部分人，找到哪个环节漏走的人比竞争对手多或比自己以前更多，把短板找出来并补上，增量就有了。

陈店长带着团队对茉莉美妆店的生意状况进行了复盘，列出了关键指标，并对标自己，将近三个月的销售数据与之前三个月的销售数据进行比较，与去年同时期的销售数据进行比较，发现客流量、进店率、体验率、复购率并没有发生大的变化，但成交率却下滑了25%，客单价也下滑了5%，他们认为，这就是造成门店销售额下滑（-30%）的关键。

其中，最大的问题点是成交率。那么是什么影响了成交率呢？再往下深挖：与成交率相关的是进店人数和成交人数，进店人数没有明显变化，但成交人数明显减少了，这是为什么呢？继续往下深究：影响成交人数的关键因素有商品丰富、合理定价、陈列合理、营销活动及导购服务等。对这些项再进行数据对比，发现营销活动参与人数下降了20%，而在导购服务方面，客户对进店问候、引导服务的评价特别差。拆解到这里，生意下滑的根因已经水落石出了：成交率下滑25%，源于成交人数减少；成交人数的减少则是因为营销活动参与率下降严重和导购服务变差。

找到根因后，只需要针对这两个问题点采取改善措施就可以了，而不是把上面列出的所有事情都做一遍，这样精力和资源就能聚焦，问题也能从根本上得到解决。

接下来，要继续深究营销活动参与率下滑的原因。陈店长发现，这三个月来，门店有一个严重的失误：参与促销的护肤套装以前是2～3个单品为一套，最近却改成4～5个单品为一套。其实不是每位女性都会按照"先洁面，再涂爽肤水、眼霜、精华、乳液、面霜、防晒"这7个步骤来进行护肤，很多女性的护肤步骤通常只有2步或3步，比如"先洁面，再涂面霜"或"先洁面，再涂眼霜、面霜"。因此，如果一套护肤套装有4～5个单品，其中一般会有顾客不喜欢的商品，即使促销装价格相对比较优惠，这么算下来总价还是偏高的，因此很多顾客会拒绝购买。

找到了根因，要采取什么行动呢？只需要将护肤套装恢复为2～3个单品为一套就可以了。在这个案例里，解决方案很简单，只需要调整促销装组合，甚至都不用花钱。

同样，对导购服务存在的问题进行层层梳理，也能找到根因：原导购人员准备离职，离职之前心不在焉，导致客户评价很差。陈店长及时对导购人员进行调整并加强了督导抽查，问题就迎刃而解了。

茉莉美妆店的案例很真实地告诉了我们先分析、再行动的重要性。"MECE"地列举关键变量，层层深挖，找出根因，可以集中优势资源解决关键问题，而且根本不需要花多少力气，甚至都不用花钱！如果没有找到根因，就算店员每天把所有的事情都做一遍，依然不能解决问题。

通过数据分析、找到根因、对症下药找出木桶的最短板（或最大机会点），才能真正解决问题。虽然以上列举的是销售相关的案例，但构建抓手货架的思路和方法是任何部门、任何单元都适用的。

### 建议练习

请运用增长模型、MECE法则以及上面三个步骤，尝试构建你的抓手货架，定量找出关键任务。

### 实操技巧

①刚开始练习时应将北极星指标设为业务中某个关键的过程指标（比如流量、转化率），而不是最大的终极目标项（比如总收入），这样更容易掌握方法。之后再增加对其他指标的练习，逐步构建完整的抓手货架。

②构建抓手货架是一个逐步完善业务逻辑和迭代的过程，不能一蹴而就，要持续地边补充边使用。要认识到在知识转变为技能的过程中养成良好的运用习惯是至关重要的，而且要持续完善，在使用中提升团队

的整体业务水平。

③在这一步中所构建的抓手货架只是依据业务逻辑得到的框架，要有数据支撑、层层深挖才能在实战中取得成果。

### 5.7.3 增长抓手量化及可行性分析，确定聚焦重点

构建抓手货架并进行透彻的剖析，能帮助管理者找到各式各样的问题点和机会点，但问题是到底哪些应该做，哪些不一定做，哪些值得投入更多的时间和精力。要找到这些问题的答案，还需要对这些增长抓手进行定量分析和可行性分析，从而确定聚焦点，有主有次、有节奏地安排行动计划。

下面我通过康清方便面公司销售部的增长抓手量化及可行性分析案例，给大家介绍如何通过三个关键步骤确定聚焦重点，如表5-5所示。

表 5-5 增长抓手量化及可行性分析案例

| 第一步<br>分类穷尽增长抓手 | | 第二步<br>量化抓手 | 第三步<br>结合可行性和反馈重合度分析 | |
|---|---|---|---|---|
| 分类 | 增长抓手 | 销售额预估<br>（万元） | 可行性打分 | 反馈重合度 |
| 品类 | 品类自然增长 | 85 | 5 | 90% |
| 门店覆盖 | 新开门店 | 50 | 4.5 | 90% |
|  | 提高门店覆盖率 | 120 | 4 | 80% |
|  | 加强跨区域门店管理 | 22.5 | 3 | 80% |
| 分销 | 全分销 | 90 | 2 | 70% |
|  | 新品上市 | 150 | 4.5 | 70% |
|  | 客户特殊包装 | 40 | 3.8 | 50% |

（续）

| 第一步<br>分类穷尽增长抓手 | | 第二步<br>量化抓手 | 第三步<br>结合可行性和反馈重合度分析 | |
|---|---|---|---|---|
| 分类 | 增长抓手 | 销售额预估<br>（万元） | 可行性打分 | 反馈重合度 |
| 陈列 | 主货架提升 | 18.8 | 4.2 | 60% |
| | 品牌展现 | 37.5 | 2 | 80% |
| 促销 | 更多频次 | 70 | 4 | 60% |
| | 设计新机制 | 13.5 | 2 | 80% |
| | 提高促销执行率 | 27 | 3.5 | 70% |
| | 促销装 | 50 | 4 | 40% |
| 团购 | 企业团购 | 85 | 2.3 | 50% |
| 客户服务 | 提高订单满足率 | 90 | 3 | 30% |
| | 提高店内有货率 | 90 | 3 | 40% |
| 其他 | 超头部直播 | 50 | 2 | 20% |
| | 增加导购 | 10 | 1 | 30% |

第一步：分类穷尽增长抓手。

在梳理抓手货架、层层深挖的过程中，要把能找到的机会点都先列出来。如果你在列的时候没有找到逻辑，就给每一个增长点都标出分类，随着增长抓手和分类的逐渐增多，你心中对增长抓手的分类会越来越清晰。将增长抓手全部列出来后，再合并同类项，当你将原本零散的抓手有序归总后，就会发现增长抓手的规律。

在表5-5中，康清方便面公司销售部通过预算启动会和抓手货架的演练，定性寻找问题点和机会点，列出了18个可能切入的增长抓手（如新品上市、增加导购等），然后合并同类项，将这18个增长抓手分为8大类：品类、门店覆盖、分销、陈列、促销、团购、客户服务以及其他。之后，销售部还可以在8大类的框架内不断补充更多新找到的抓手。

第二步：计算各个增长抓手的价值。

对每一个准备实施的具体行动都要算出它可能会带来的增量价值。计算不必很准确，但这个量化的动作是必不可少的，它能使管理者不再仅凭经验、凭直觉做决策，而是通过思考以及初步的数据整理让每一个动作的价值都可视化。我一直强调"无目的不沟通，无目标不行动"，这个量化的动作其实就是为可能的未来行动树立目标的最早举措。

康清方便面公司预估贡献最大的增长抓手是新品上市，能带来150万元的销售额增量；排第二的增长抓手是提高门店覆盖率，能带来120万元的增量。哪一个值得花更多的时间精力去做好，已经不言而喻了。这些预估数字的背后是有计算逻辑的，需要时可以进一步推敲。

第三步：结合可行性和反馈重合度分析来确定聚焦重点。

只预估增量是不够的，还应该对可能的增长点进行进一步的评估。比如，让参与讨论的人员结合需要的资源、ROI、复杂性、时长等给各个增量抓手打分，评估其可行性。5分最高，0分最低，分数汇总后，再计算出平均值。这样就能使大家对这些增长点的评估从模糊的主观感觉变成可视化的数字，甚至可以按分数对其可行性进行排序。一般来说，分数低的增长点应谨慎对待，它虽然能带来一定的增长量，但需要耗费的时间和精力太多，可能不值得去做。

除此之外，还要对增量抓手进行反馈重合度分析。之前介绍过的"问题点和机会点分析表"能使管理者收集到反馈重合度高的建议作为可能的切入点，而到了这一步，应该通过数字可视化来进一步判断反馈重合度。比如，十个人中有八个人都反馈了某个增量抓手，那么其反馈重合度就是80%，说明赞成人数较多，值得重点分析。

在康清方便面公司的增长抓手中，新品上市和提高门店覆盖率的可行性分别是4.5分和4分，反馈重合度分别是70%和80%，这说明大部分人都认为这两点可行，再结合前面的量化贡献价值，这两点无疑应该被当成是重点抓手。

为了让大家更直观地理解这一点，我把康清方便面公司的增长抓手表格转换成了一个三维气泡图，如图5-11所示。

在这个三维气泡图中，横轴是可行性打分，纵轴是反馈重合度，气泡的大小代表了该增长点对销售额影响的大小。处于右上角象限的是可行性高、反馈重合度高的抓手，如新品上市、提高门店覆盖率、全分销等，代表它们的气泡也是最大的，因此这些都是需要重视的策略聚焦点。

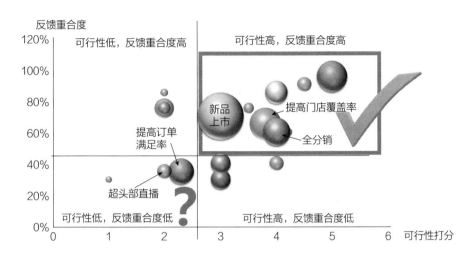

图 5-11 增长抓手量化及可行性分析三维气泡图

处于左下角象限的是可行性低、反馈重合度低的抓手，虽然预估它们能贡献一定的增量，但大家对此都没有什么信心，这时应该谨慎思考是否将其纳入当年的行动计划。比如销售部找到的一个增长点是提高订单满足率 ⊖，预估可以贡献 90 万元的增量。但经过讨论后发现，缺货的主要原因是某种原材料供应不及时，而原材料是由采购部、供应链部门负责的，销售部所能采取的改善行动是有限的，所以提高订单满足率不能被设为销售部的策略抓手。但这些信息依然有价值，销售部可以将其提供给供应链部门，因为供应链部门也需要找策略抓手去实现它的部门目标。不同的北极星指标，负责人和主导部门是不一样的，一定要找到自己能主导的、能影响的指标和行动。

哪些增长抓手可以实行，哪些需要放弃，通过以上三个步骤管理者

---

⊖ 订单满足率是用来衡量缺货程度及其影响的指标，用实际发货数量与订单需求数量的比率表示。

就有了清晰的判断。有了客观的量化贡献价值,实现了主观感受的可视化,而且因为这是集体的意见合集,而非领导的个人主观判断,所以策略抓手的正确性也能得到进一步的保证。值得一提的是,不只是销售部,各种团队都可以通过量化和可行性分析来确定聚焦点。

**建议练习**

请按照以上三个步骤来评估一下你们团队的增长抓手吧,看看确定的聚焦重点是否客观。同时,请填写分析模板,如表5-6所示。

表 5-6 增长抓手量化及可行性分析模板

| 分类 | 增长抓手 | 销售额预估 | 可行性打分 | 反馈重合度 |
|------|---------|-----------|-----------|-----------|
|      |         |           |           |           |
|      |         |           |           |           |
|      |         |           |           |           |
|      |         |           |           |           |
|      |         |           |           |           |

### 5.7.4 检验抓手充足性

确定目标后,老板在遇到下属时总是会习惯性地问:"你的计划做得怎么样,目标能不能完成?"这时,有的员工会拍拍胸脯说:"老板,没问题,包在我身上。"有的员工习惯于压低老板的期望,于是会愁眉苦脸地说："老板，好难，您定的目标实在太高了，真的很难完成啊！"

这样的对话在你们公司是不是也经常发生？其实，这两种员工虽然风格不同，但实质上都是在用情绪对话，这样的沟通对目标的执行没有任何帮助。正确的做法应该是对事不对人，拿出客观的数据和计划向老板汇报现状和想法，请老板给予指导意见。

本节要介绍的是用于检验抓手充足性的表格，如果掌握了这个工具，面对老板的同样问话，员工就可以拿出表格来，进行简练而清晰的汇报："老板，结合之前的基数，加上我们已经找到的这些策略抓手预测的贡献增量，目前预估能完成的是这个数，离我的目标还有 ×× 的差距，我需要继续寻找更多的增长点。我还有两个想法，请教一下您的意见……"有了这种基于数据的客观对话，接下来的讨论和上级的指导会更有建设性，能帮助业务更好地推进。

这个用于检验抓手充足性的表格有一个通用模板，如图 5-12 所示，它由三个部分的组成：一是去年基数，二是下年计划中的增长点和预测可能的风险损失点，三是下年预估。逻辑公式很直观：

去年基数 + 下年计划中的增长点的增量<br>－预测可能的风险损失点的减量 = 下年预估

这个模板适用于每个部门。如果把销售额目标改为供货量，就可以被供应链部门拿来用，改为公司净利润，就适用于财务部。它能呈现行动和目标之间的关系，帮助管理者梳理思路。并且，有了这张表后，沟通不再凭情绪、空对空地进行，而是以非常严密的计算逻辑为支撑，这样，上下级的业务辅导和各团队之间的合作联动就有了更加切实的讨论基础。

## 图 5-12 检验抓手充足性模板

**第1部分：去年基数**

| 2021年实际销售金额（万元） | | | | |
|---|---|---|---|---|

| 序号 | 分类 | 2022年计划-增长点 | 增量金额（万元） | 增量百分比 | 计算逻辑 |
|---|---|---|---|---|---|
| 1 | | | | | |
| 2 | | | | | |
| 3 | | | | | |
| 4 | | | | | |
| 5 | | | | | |

**第2部分：下年计划中增长点和预测可能的风险损失点**

| 序号 | 分类 | 2022年风险-损失点 | 减量金额（万元） | 减量百分比 | 计算逻辑 |
|---|---|---|---|---|---|
| 1 | | | | | |
| 2 | | | | | |
| 3 | | | | | |

**第3部分：下年预估**

| 2022年预估销售金额（万元） | |
|---|---|
| 2022年销售目标（万元） | |
| 增长点差距（万元） | |

下面来看冰能饮料公司销售部的案例，如表 5-7 所示，通过这个案例，你可以学习如何使用这一表格。

### 表 5-7 检验抓手充足性案例

| 2021 年实际销售金额（万元） | 29 300 | | | |
|---|---|---|---|---|

| 序号 | 分类 | 2022 年计划 - 增长点 | 增量金额（万元） | 增量百分比 | 计算逻辑 |
|---|---|---|---|---|---|
| 1 | 货架提升 | 整组货架执行率由60%提升至70% | 208 | 0.7% | 门店总数330，门店月均销售7万元，预计执行时间6个月，预估门店单产提升约15%，合计330×（70%-60%）×7×6×15%≈208（万元） |

（续）

| 2021 年实际销售金额（万元） | 29 300 | | |
|---|---|---|---|

| 序号 | 分类 | 2022 年计划-增长点 | 增量金额（万元） | 增量百分比 | 计算逻辑 |
|---|---|---|---|---|---|
| 2 | 新品 | 4 月 4 种新单品在所有门店上架售卖 | 1 080 | 3.7% | 预计每月的单口味单产以 30 万元计算，上市期 4 月到 12 月，合计 30×4×9=1 080（万元） |
| 3 | 促销装 | 旺季增加两个促销套装销售 | 2 200 | 7.5% | 促销装 1 号预计增加销售 160 000 箱，每箱单价 55 元，促销装 2 号预计增加销售 200 000 箱，每箱单价 66 元，总计增量金额 2 200 万元 |
| 4 | 新店 | 年预计开业 25 家门店 | 600 | 2.0% | 开店平均月数 6，新店单产 4 万元，总计 25×6×4=600（万元） |
| 5 | 增加冰柜门店 | 年冰柜门店由 30 家增加至 50 家 | 180 | 0.6% | 旺季冰柜门店每月的单产 10 万元，预计执行时间 6 个月，预估单产提升约 15%，合计 10×6×15%×(50-30)=180（万元） |
| 6 | 跨区门店管理提升 | 年增加 30 家跨区域门店覆盖 | 240 | 0.8% | 跨区门店每月的单产 5 万元，预估单产提升 20%，覆盖平均月数为 8，合计 30×5×20%×8=240（万元） |
| 7 | … | … | | | |
| | | | 4 508 | 15.4% | |

| | 分类 | 2022 年风险-损失点 | 减量金额（万元） | 减量百分比 | 计算逻辑 |
|---|---|---|---|---|---|
| 1 | 单支装销量下降 | 因多支装增加，年单支装产品销量下降 10% | 140 | 0.5% | 门店单支装产品上年度销售额 1 403 万元，预计销量下降 10%，总计损失：1 403×10%≈140（万元） |
| 2 | 停供产品 | 停止供应 X 系列和 Y 系列 | 1 059 | 3.6% | 停供产品直接损失：X 系列 404 万元，Y 系列 655 万元，总计 1 059 万元 |
| | | | 1 199 | 4.1% | |

| 2022 年预估销售金额（万元） | 32 609 | 11% | |
|---|---|---|---|

| 2022 年销售目标（万元） | 35 000 | 19% | |
|---|---|---|---|

| 增长点差距（万元） | 2 391 | 8% | |
|---|---|---|---|

又到了年度规划找策略抓手的时间了。和往年一样，冰能饮料公司销售部门负责人和各子团队骨干们通过定性收集问题点和机会点、构建抓手货架层层深挖等方法，共同研讨出明年的行动计划，并一起检验这些策略抓手是否足够支撑销售目标的达成。他们发现：

- 2021年销售额基数为29 300万元。
- 2022年新找到的增长抓手有6项：货架提升、新品、促销装、新店、增加冰柜门店、跨区门店管理提升。这些新抓手预计将带来约4 508万元的增量。
- 2022年由于公司战略调整将带来相关的业务损失约1 199万元。比如，明年公司会增加多支包装的产品，测试数据表明这会影响单支装产品的销量，使其下降10%，由此会使销售额减少约140万元。再比如，明年公司会停止供应产品X系列和Y系列，这两个系列2021年曾贡献了1 059万元的销售额，其中X系列404万元，Y系列655万元。
- 2022年预估销售金额＝去年基数＋下年计划中的增长点的增量－预测可能的风险损失点的减量，即32 609万元，对比2021年增长11%。
- 2022年销售目标是35 000万元，对应的增长百分比为19%。所以增长点差距＝销售目标－预估销售＝35 000-32 609=2 391（万元），还有8%的差距，需要继续寻找增长抓手。

以上只是关于预估销量与目标之间差距的初步计算，但这个预估是否准确呢？还需要进一步探讨。不过，要强调的是，在使用这张表时，最需要关注的、最应达成共识的是"计算逻辑"这一列。因为前面的数字是否准确，都是由每一项的计算逻辑是否正确而决定的，逻辑对了，数字才有意义，目标才可能实现。

为此，管理者应和负责每一项增长抓手的骨干对各项的计算逻辑进行认真探讨，及时提出建议、进行辅导。我们仍以冰能饮料公司销售部为例。

"新品"这项将带来 1 080 万元的增量，贡献价值排第 2 位，非常重要，所以部门负责人和新品上市项目的销售部专项对接人王城进行了以下对话辅导。

部门负责人：你的计划是 4 月 4 日在所有门店上架售卖这款单品，计算逻辑是预计单口味单产以 30 万元计算，上市期 4 月到 12 月，合计 30×4×9=1 080（万元）。这几个数字里，最重要的变量是 30 万元单产，这个数字是怎么来的呢？

王城：老板，30 万元是去年所有爆品的平均销量。

部门负责人：新品和爆品是两个概念，爆品包括新品和老品，但新品并不能保证一定能做成爆品。如果将前提假设为每一个新品都能做成爆品，风险很大。这样，你看一下去年上市的所有新品的平均单产是多少？

王城：老板，是 20 万元。

部门负责人：嗯，你用 20 万元单产再算一下，新品这项会贡献多少增量？

王城：20×4×9=720（万元），老板，新品只能贡献 720 万元增量。那差距更多了，我们得再多找一些增长抓手了！

部门负责人：是啊！没有关系，我们要把每一个增长抓手都夯实，有差距就再继续找抓手，确保每一步都走得踏踏实实。

这段对话很有代表性，通过填写检验抓手充足性表格，员工的计算逻辑实现了可视化，这样老板就能有针对性地对其进行辅导。在这个案例里，虽然员工更有热情，但上级比他更有经验。不要小看20万元和30万元之间的10万元差距，在真实的业务计算中，真正的差距是360万元（每月差10万元，4个单品9个月总共差360万元）！如果不把关键指标的数据搞清楚，最终很可能无法达成目标。而从一开始就找出计划充足性的问题，可以继续完善计划，一切还来得及。

以上检验抓手充足性的方法，将有效引导大家将精力集中于"对事、对数、不对人"，既避免了无效的情绪对话，也避免了因策略抓手不够而要临时救火的慌乱。

### 实操技巧

**永远不要做刚好100分的计划，一定要做120分的超配计划。** 在使用检验抓手充足性表格时，团队在梳理核实完后，最好将总预估数字打八折。为什么？因为没有人能保证所有行动都能达到100%的执行率！业务、环境、人员总是动态变化的，80%的执行率是安全的计划基准线的平均水平。所以，一定要做超配计划。这是我本人多年践行的职业习惯，这个习惯使我这些年来经常能完成任务的105%～108%。把总预估数字打个折扣，数字就变小了，要完成总目标就需要再增加抓手预案。在规划阶段，准备更加充足的预案，只有好处，没有坏处。

> 建议练习

请填写检验抓手充足性表格模板，对你的团队目前的计划是否足以达成目标进行检验，并使用该表进行有效的上下级业务辅导吧。

### 5.7.5 目标及预算多轮校准后确定

找策略抓手五部曲的最后一步是目标及预算多轮校准后确定，如图 5-13 所示。

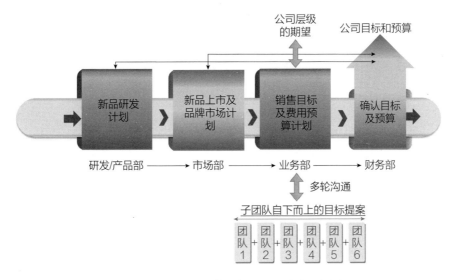

图 5-13　目标及预算多轮校准后确定示例图

任何预算都不可能一次就做到尽善尽美，必定需要多轮沟通进行校准。从横向来说，各个部门要实现左右拉通；从纵向来说，各个层级要进行几轮辅导从而上下对齐。所以,大家都要有合理的心理预期:全公司各层级的年度规划,不是开一次共创会就能完成的,而是通常会历时2~4个月不等。而且,越是看似简单直接的、自上而下颁布的目标和指令,在裂变为各部门、各层级以及个人的计划后越需要花时间去纠偏纠错,而且越零散、越无处下手。我的建议是,最好早一点开始找策略抓手,从9月底到11月初就对这一年进行复盘并开始寻找问题点、机会点,在12月份完成,是较为适宜的年度规划的时间。

### 实操技巧

①在对目标和预算做最后的官方确认时,应以财务的窗口为准,最好是文字确认(比如邮件、合适范围内的通告)。

虽然我倡导用业务来牵引公司的计划和跨部门沟通,但公司运转的生死线、健康线其实还是由财务部统筹的全面预算来保证的。很多创业公司存在这样一个普遍问题:主导部门是业务部,花多少钱也由业务部负责人临时按需决定,花完再通知财务部,由此导致费用花超、临时断流断供等各种问题。"文臣武将,各司其职,统筹辅佐,江山方能无忧",业务要由专业的人冲刺,预算也要由专业的人全面把握才行。这样,正常预算就有了正式的确认通达、定期的进度可视,当然在急需时也就有了底气,可以有序特批。

②要对重要事项设置线性沟通机制。

前面我们介绍过,在目标评审会上将选出公司和部门的十件要事,但往往越是重要的事项,员工越是无法及时了解官方进度,因为有太多人关心这些事项，有太多人参与到其中的不同的环节。缺乏官方进度通报，就会导致小道消息满天飞，员工很难判断信息的真伪，更不知道本团队该采取哪些配合行动。因此，对重要事项必须设置线性沟通机制，也就是说，公司官方信息的传递应该是一条统一的单向线，一个重要节点的进度只授权从一个窗口正式通达，并按照商定的顺序向下一个窗口传递。绝不能同一个事情在某个不同的阶段、在不同的窗口有无数消息传出来，这会导致员工无所适从。

如图5-13的示例，新品从最初的想法到正式纳入预算，配置各项资源，从研发到上市，各个部门、各个层级的人多多少少都会参与其中，但是大家对具体的计划、要求、进度却不甚了解。比如，销售部经理听产品经理说某新品系列将在5月初上市，但采购部经理却说5月份肯定来不及，因为欠缺某种原材料无法量产，这样一来，销售部经理就无法知道到底该如何与客户沟通新品计划和投资推广窗口，最后只能直接去问总经理，而为了给出最后的上市日期，总经理只好挨个询问重要部门的进度，费时耗力。

但如果设置了新品计划的线性沟通机制，一切就会有条不紊。根据这一机制，主线沟通为：先商定新品研发计划，由研发部或产品部在月报内定期汇报给公司管理层（包括相关部门负责人）或虚拟的组织产品委员会（市场部负责人也在其中）→市场部负责核实最近的新品进度和滚动的未来计划，做出新品上市及品牌市场计划，并与销售部进行正式沟通→销售部把新品纳入目标和费用预算计划中，向财务部申请资源→财务部结合各部门提案，整体统筹资源，主持目标和预算的评审、调整，并以文字的形式发布目标和预算。

以上的新品计划信息由各个环节的负责部门指定专人对接沟通，以此人发布的信息为官方信息。这样，即使情况发生了变化，各团队也不会凭着道听途说的信息行动，这就避免了"越努力越是鸡飞狗跳"的状况。

至此，我们已经学完了找策略抓手之五部曲。目标是否能实现，应该是由一个个切实可行的策略抓手及其背后严谨真实的数字推导出来的客观结论。希望这五部曲能帮助你定性、定量找出机会点，再通过可行性分析、抓手充足性检查和多轮校准后确定目标、预算、行动计划。只有经过有效筛选和周密校验的行动，才会使你离你的目标越来越近。

## 5.8 一目全局、牵引行动的"神器"：策略屋

在完成年度规划一页纸后，你会发现上面的内容很丰富、信息量非常充足，适合在团队内或跨部门小范围地花充足的时间进行具体讨论。但有时我们又希望迅速、高效地将公司或部门的目标、策略重点向全部门甚至全公司通达，那么，该怎么做呢？这时，策略屋这种能牵引行动并使人一目全局的"神器"就派上用场了。

还是以大家熟悉的美容仪公司——佳美科技有限公司为例，我们来看看佳美公司销售部的2022年年度规划一页纸（见表4-3）是如何转化为策略屋的，如图5-14所示。

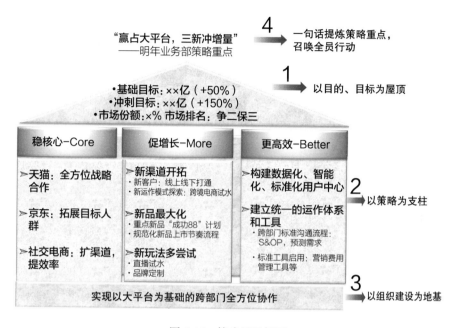

图 5-14　策略屋示例图

策略屋，顾名思义，就是将策略的各种要素填充进一个"屋子"里，操作方法是先画一个房子的框架，再在里面填上 4 部分内容。

### 1. 以目的、目标为屋顶（即 OGSM 里的 O/G）

只填写最核心的结果指标，如基础目标、冲刺目标、市场份额、市场排名等。

### 2. 以策略为支柱（即 OGSM 里的 S）

这一部分要素来自业务策略的重新归类，使员工更容易理解和记忆。通常我习惯将业务策略归类为三大策略支柱——稳核心、促增长、更高效，这些列举维度也是 MECE 的思考框架。你也可以把你列出的几条业务策略都作为支柱填入策略屋。

完成分类之后，再把十件要事中相关的部分分别填入不同的支柱中，这里的"十件要事"指的是前面介绍的目标评审会需要聚焦的公司或各部门的十件要事，是管理层经过审慎的思考、讨论而决策出的一整年最重要的跨部门协作事项。

### 3. 以组织建设为地基

"落地一页纸"的策略应该至少有一条是与组织能力相关的策略，以其中的关键行动为地基，能让员工清楚地认识到组织建设中最重要的事项是什么。没有组织能力的同步成长，业务的动态发展就得不到支撑。

### 4. 一句话提炼策略重点，召唤全员行动

在策略屋中，还要用一句话来提炼策略重点，召唤全员行动。这句话是策略重点的精练表达，越朗朗上口越好。即使最基层的员工看不懂一页纸或策略屋，但他们只要记住这一句话，就知道自己的工作和团队的方向相结合的意义，知道该如何配合。我们不能要求每个员工都具有高素质和超强的能力，但是需要每位员工都能听懂公司和部门最需要他们做什么。这一句话就是提纲挈领的大白话，让员工能听懂战略。只有被听懂的战略，才可能被执行。

在图 5-14 中，佳美公司销售部将其策略重点总结为一句话——"赢占大平台，三新冲增量"。"赢占大平台"指的是要与天猫、京东和社交电商等大平台进行更深入的合作，以稳住公司的核心业务；"三新"指的是新渠道、新品、新玩法，它们的作用是促增长；"冲增量"指引所有人做好准备，冲刺挑战目标。比如，供应链部门的"冲增量"是按挑战目标的货量来保证供应；客服中心的"冲增量"意味着要按挑战目

标换算过来的顾客数来准备售前、售后的接待方案；IT 部门的"冲增量"意味着系统承接的容量要按挑战目标来，比如在"双十一"这样的重要促销节日要扩容 10 倍以应对飙升的接单量，等等。仅仅 10 个字、简简单单的两个短句，却清楚地揭示出经过佳美公司销售部多次充分讨论最终形成的年度规划的最核心的策略重点，并且能召唤不同的团队加以配合，为实现目标而共同努力。

### 建议练习

请尝试着提炼你们团队的年度规划或季度规划的重点，并将其归纳总结为一句话，用于召唤行动。

分享一个我亲身经历过的案例，希望它能让你感受到这一句话的魅力和威力。

宝洁公司非常注重通过充分的市场分析、深度的消费者需求研究和对消费趋势的预判来制定细分市场的差异化品类策略，并且每年对其进行迭代创新。2008 年，宝洁的织物护理品类策略"贵、大、液"（高端、大包装、洗衣液）就是经过严谨全面的战略规划流程制定出来的。

之所以将"贵"作为策略重点，背后的原因是宝洁希望引导消费升级。随着生活水平的逐步提升，越来越多的人希望改善生活质量，包括使用更好的生活用品，宝洁旗下有高档、中档、低档各种不同的洗衣产品，宝洁希望引导更多人购买中高档产品。

将"大"作为策略重点,是因为宝洁希望引导人们改变购物习惯,使其从购买小包装产品转向购买大包装产品。以前大家去得最多的购物场所是家附近的食杂店和农贸市场,习惯在买油盐酱醋时顺手买一包洗衣粉。因为买了许多杂物不方便拿大包装,而且因为经常来买东西不必多买,所以他们购买的洗衣粉通常是300~400克的小包装。但是随着中国零售业市场的逐步放开,本土超市和外资超市高速扩张门店,知名的连锁超市如物美、永辉、大润发、家乐福、麦德龙、沃尔玛、卜蜂莲花等遍布全国各地,再加之越来越多的家庭拥有了汽车,很多人开始习惯去大超市一站购齐生活用品。所以,宝洁希望引导消费者将大包装(每袋净含量大于1公斤)的洗衣粉列入购物清单。

将"液"作为策略重点,是因为宝洁希望引导人们从购买洗衣粉转向更多地购买洗衣液。在2008年,人们普遍使用的织物清洁用品是洗衣粉,而很少有人用洗衣液,洗衣液的市场渗透率很低。不过,洗衣液的市场份额增长却很迅速,这是因为环保政策开始逐步限制甚至禁止含磷产品的使用,洗衣粉的市场份额日益萎缩,洗衣液由此获得了巨大的增长空间。基于此,宝洁希望推动人们从使用洗衣粉转为使用洗衣液,使自己的产品在整个消费升级的过程中拔得头筹。

为了定出品类策略,宝洁内部进行了多次定性和定量的调研分析,不断筛选问题点和机会点,各层级、各部门展开了无数次讨论,最后输出的各种报告洋洋洒洒数万字。但是,在通达时,这些报告却被浓缩为三个字:贵、大、液。

为什么?因为宝洁采取的是按品类纵向管理的模式,每个品类都有专属的市场部(包括品牌部)、市场研究部、财务部、供应链部门、HR

等一整套部门，但大部分品类并没有专属的销售团队。在宝洁，各种层级的销售人员（包括业务员、促销员）超过2万人，他们的职责是横向连通所有品类，向客户售卖所有品牌（超过1 000个单品）。所以，在宝洁内部，哪个品类能把话说清楚，让销售听得懂，其策略和计划的执行效果就更好。换句话说，各品类都必须练好战略的翻译能力——说大白话。

而"贵、大、液"就是非常好的大白话！这三个字浓缩、精简，让人只听一遍就能听懂、记住并且知道该怎样做，很快就在遍布大江南北的宝洁销售团队中传开了，并且得到了有效的执行。宝洁的执行要求中包括一条：需要投放费用而获得的展示、陈列资源，应该倾斜用于策略重点产品。当我们去巡店时，发现每个店都完全执行到位：海报上、堆头上只放中高端、大包装的洗衣粉或是洗衣液，而绝不会放上去低档的、小包装的洗衣粉。因为"贵、大、液"才是中国织物护理品类发展的未来，也是作为品类领导者的巨大的增量来源。你看，这三个字为宝洁带来了超过2万名销售人员的整齐划一、统一共振的全面执行力！

所以，不要小看这一句话，向下通达的策略必须提炼得易懂、易记、易操作！只有这样，别人才知道如何配合。"贵、大、液"三个字完美诠释了什么叫大道至简、深入浅出。

## 实操技巧

①"一句话"**是能召唤行动的策略重点，不是口号。**这一句话是从确定的行动要事归纳总结出来的，不是"高大上""打鸡血"式的口号。撰写策略屋的人一般是企业的核心管理人员，容易在提炼一句话时犯

重复目标、强调文化的错误，比如"力争第一""做最强的系统解决方案供应商""活得精彩，干得专业"等，但这些口号并不能牵引具体的行动。

我曾辅导过一家餐饮企业，其高管团队最初提炼的"一句话"是"活下去，活得好"，这句话是从其企业文化转化来的，但员工听了还是不知道明年的重点是什么。我向创始人了解到其明年的业务重点是从"以深圳为中心，辐射覆盖广东市场"转向"稳定广东市场并大力开辟湖南市场"，就建议他们将"一句话"改为"冲出广东，挺进湖南"。短短的8个字，直观地揭示出了这家公司明年希望全员配合的策略重点。一听到这句话，开拓部就知道明年要完成在湖南开店的选址、布局，业务部就知道年度规划里要加上针对湖南的客户业务方案，财务部就知道要预留在湖南开新店的费用，采购部就知道要准备和湖南的食材供应商洽谈了。

②策略支柱里请填写具体的要事，而不是方向或元素。比如写"新客户：线上线下打通"，比只写"新客户"更清楚。**语法应该是"动宾结构"或"名词+动词"**，而不是一些名词的罗列，比如"天猫：全方位战略合作""京东：拓展目标人群""社交电商：扩渠道提效率"，这样的表述就很清晰，但如果只是列举了一些名词要素如"天猫""京东""社交电商"，就会让员工摸不着头脑，不知道具体要干什么。撰写者一般都经历了多次共创、研讨，心里很清楚要做什么，但很多员工是第一次看到公司或部门的策略，他们需要清楚的诠释才能知道自己接下来应该如何开展行动。

**建议练习**

请在策略屋模板中填入你们公司年度或季度规划的4大元素，如图5-15所示。希望你能搭建出属于自己团队的、一目全局、易于沟通的策略屋。

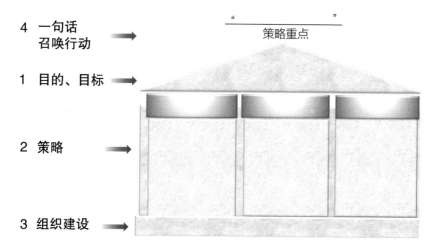

图 5-15　策略屋模板

# 第 3 部分

# 业务执行篇

OGSM
VIABLE
STRATEGY

没有战略，组织失明；

没有流程，组织失灵；

没有执行，一切为零！

OGSM
VIABLE
STRATEGY

第 6 章

# 正式通达，上下对齐，进度可视

## 6.1 会议5：目标策略通达会

《财富》杂志曾针对战略执行进行调查，结果显示：得到有效执行的战略不到10%，大约70%的战略之所以失败，是因为执行不到位。而导致战略执行不到位的最主要原因是从高管到中层、基层员工的通达出现了问题，理解出现了断层。

企业的核心管理团队通过市场调研、高层共创，终于制定出战略规划并将其整理成文，但接下来他们却往往会犯一个很多企业都会犯的错误：直接将战略计划扔给员工，要求他们执行，其潜台词是，"战略计划我们都已经完成了，接下来就看你们的了，一定要完美执行！"但他们并未与中基层员工进行过有效沟通，员工自然难以充分理解战略及其对不同岗位的意义，执行不到位也就成了意料之中的事。

其实，从战略规划到战略执行是一个完整的流程，越是到落地阶段，越需要中基层员工的充分理解和全情参与。公司和部门的管理团队根据目标策略制订计划后，一定要在一个业务场景中进行正式通达，确保上下对齐。可惜的是，很多企业都缺失了这个环节，目标策略的通达多是在日常会议上或通过口头沟通完成的。而且，从总经理到部门负责人，从部门负责人到主管，从主管到基层员工，都是单线通达，几层下来，信息的递减非常严重，再加上每个人的理解很难一致，信息被误解、误传就成了不可避免的事。以错漏的信息为依据，只能做出错漏的判断，得出错漏的结论，最终也必然导致错漏的执行。

为了避免这种情况，也为了做到高效通达、上下对齐，我建议管理者召开目标策略通达会，正式与员工沟通明年的目标策略。目标策略通达会也是"6个会议"中的一个关键会议。

### 6.1.1 目标策略通达会的作用和形式

企业核心管理团队废寝忘食地开了数不清的会，天天泡在会议室里加班加点，但员工对他们辛辛苦苦讨论、总结出的战略规划却一无所知，因为员工根本没机会与管理者沟通，没法理解他们的思路。因为对战略制定的原因和背景不够了解，员工在收到管理者直接下达的执行命令时只会想：我不知道老板在想什么，我不理解为什么要定这么高的目标，我觉得领导说的策略不靠谱……即使是那些参与了战略规划某些环节的中层员工，对哪些是最终决策、全景到底是怎样的也非常模糊。这些都将成为执行过程中的障碍。

为此，我建议公司召开面向未来的目标策略通达会，向员工正式通达下一年的目标策略，这个会议能有效提高公司上下的执行共振度。很多公司有开年会的惯例，在年会上，庆祝去年的成绩、总结过去的成功经验是必不可少的环节。如果目标策略通达会能与年会结合起来，会达到更好的效果。

目标策略通达会主要有三个作用：统一方向，统一赋能，以仪式感强化凝聚力。

### 1. 统一方向

《管子·立政》里写道："凡将举事，令必先出。"这指的是，凡是要做大事，必须先制定并颁布法令。因为要把大事做好，既需要掌舵的领导者及时决策，也离不开众人的同舟共济、通力协作。制定年度规划就如同制定法令，而召开目标策略通达会就相当于正式颁布法令。通过目标策略通达会，管理者的决策正式向下传达，全体员工对共同目标、各自责任、聚焦方向、实施路径等有了清晰的了解，才能实现统一语言、统一方向、统一执行。

### 2. 统一赋能

很多管理者会有一个误区，他们认为员工自动就能明白自己要做什么，并且知道怎么做。仿佛只要告诉员工"去执行吧"，美好的结果就会发生。其实，事实往往是完全相反的——员工对管理者的所思所想通常一无所知。管理者制定的策略，要么是对原来核心业务的优化改善，要么是启动新项目，这两者都会涉及新的做法与行动。管理者一定要避免"知识的诅咒"，要明白自己懂的别人不一定也知道，要向员工解释具体场景中的新名词或新概念，这不仅是对员工的统一赋能、培训，也是确保执行一致性的必要举措。

### 3. 以仪式感强化凝聚力

仪式感是将某些行为仪式化以赋予其特定意义。也就是说,仪式感能强化行为的重要性和团队凝聚力。

企业文化决定未来,组织氛围决定当下。仪式感就是一种氛围,直接影响员工的心态、思想,使其主动做出改变。创业带队伍,没有仪式感是不行的。

华为相信仪式感也是生产力,因此非常讲究仪式感:每年必有"授旗仪式""宣誓仪式""部门参战动员书"等;开会必唱歌曲《中国男儿》,这是1895年昆明陆军讲堂的军歌,听完了会让人血脉偾张。至于颁发的奖项就更多了,从"蓝血十杰"到"金牌员工""从零起飞奖",大大小小各种奖项,从精神激励到物质激励,包罗万象。在华为,仪式感是一种非常重要的管理要素。

仪式感还是一种领导艺术和管理理念。把拥有共同目标、共同方向的全体或多数员工聚集在一个强大共振的场域里开目标策略通达会,让大家在同一时间、同一空间接收到一致的信息,大家会充满的信心和干劲。对比只是发邮件、发钉钉消息或口头沟通的单向推行,仪式感多了一种神奇的场域能量,能带来士气和凝聚力,提升战略执行力!

仪式有多正式,效果就有多神奇。

目标策略通达会有三种组织形式,其中既有费用较高的隆重典礼,也有简单高效、花钱不多的视频互动,任君选择。

（1）全员大会，现场通达

召开全员大会，把所有人聚集在一起，现场通达目标策略，全员同步接收信息，这样既能实现高效沟通，又能最大程度地鼓舞士气。全员大会的环境、流程都要进行精心设计，要隆重且充满仪式感，比如誓师大会。可以在开年会的时候，预留一天时间专门召开目标策略通达会。这种形式适合业绩较好、增长较快、资金预算相对宽松的大公司。

（2）骨干先行，裂变通达

挑选相关区域、相关部门的核心骨干召开通达会，再通过他们作为对接人将信息裂变通达到各自的团队。如果员工人数超过千人，并且分散在不同城市、各个分公司，全部到现场开会的难度就会很大，以此种形式召开目标策略通达会更合适。

我在达能中国饮料公司负责现代渠道时，曾于2015年创建了电商渠道——这一新的增量抓手。当年的目标策略通达会便以"迎接新零售，制胜全渠道"为主题，号召大家支持线上、线下融合的新生意模式。当时销售部分为6个区域，与现代渠道相关的销售人员超过1 000人，所以，目标策略通达会采用了骨干先行、裂变通达的形式。

我邀请了来自6个区域以及总部相关团队的40多位核心代表参加会议，与他们进行了为期一天的沟通：上午沟通目标策略，使他们充分了解明年的规划全景；下午做了"新零售大讲堂"的专场培训，为与会人员赋能新概念、新项目的具体做法，并带领他们做实战演练，帮助他们从"知"到"行"全面升级，真正掌握目标的实现路径与相关技能。会议结束后，我们还为他们提供了整套的培训资料作为辅助材料，要求与会者回到自己团队，作为对接人完成对本团队相关人员的传达和赋能。

以销售部为例，我要求6个区域的6个对接人在规定时间内组织召开各区域的目标策略通达会，并做到两点。第一，在召开区域会议之前，对接人可以在会议材料里补充区域性定制内容，但必须提前提交给我，让我来审核、反馈。这样，即便我本人不能亲自参加每一场区域会议，也能在千里之外辅导他们并给出建议。第二，区域会议结束后，对接人要把现场照片、与会者的反馈和问题发给我，这样我才能有针对性地解答大家的困惑点，对他们进行辅导。同时，这些复盘材料也可以保留下来，帮助下次会议迭代。

无目的，不沟通；无目标，不行动。因为目的和要求很清晰，大家知道回去有任务要完成，因此他们在开会、培训时都特别认真，由此也保证了其后的区域级通达会的效果。

（3）现场直播，连线沟通

主持人在主会场进行目标策略的通达，其他人则在异地的会议室连线看现场直播，听完之后直接安排实战工作坊，现场讨论输出具体分拆目标和行动计划（也就是输出可被执行的"目目策量、动人天成"）。这种形式适合规模较小、人数较少、人员分布在3~4个城市的小型公司，比如处于初创期的电商公司。

管理者可以根据企业的具体情况因地制宜、因时施宜地选择组织形式。自新冠疫情暴发以来，越来越多的企业放弃了"全员大会，现场通达"的形式，而采用"骨干先行，裂变通达"和"现场直播，连线沟通"的形式或两者相结合的形式。需要提醒的一点是，即使采取线上线下结合的方式，也要在设计上尽量遵守"同场同时，信息一致""减少裂变层数，通达 + 赋能同步"的原则。

### 6.1.2 目标策略通达会的操作指南

目标策略通达会应该如何召开呢？以下操作指南可以供大家借鉴。

#### 1. 参会人员

公司级的大会：全体员工（根据采用哪种形式决定是邀请全员一次性现场参加，还是骨干先开第一次，再分批裂变通达到全员）。

部门级的大会：该部门全体员工、其他部门的负责人、重要项目对接人（也需根据形式确定是否分批进行）。

#### 2. 会前须知

①开会前先确认目标、策略、重要方案等已获公司批准，统一口径。

这是通达会而不是研讨会，应该单向传达而不是多向讨论。因为战略解码共创会、目标评审会、全面预算启动会等都是群策群力的共创会，已经充分发挥了民主集中的优势，而目标策略通达会的任务是将这些会议所做出的决策传达给员工。但在开会前，一定要先确认目标、策略、重要方案等已经获得公司的批准，否则有可能引起不必要的麻烦。

某公司销售部正在举行部门的目标策略通达会，当销售总监激情洋溢地进行团队宣讲时，新来的财务总监突然举手，说他不认同报销流程。这场会议是部门全员参与的现场大会，会场上聚集着数百人，在财务总监提出异议后，现场"画风"马上就变了，大家全都交头接耳、议论纷纷："销售部老大和财务部老大不和……""财务部老大才来几天，这么叽叽歪歪，以后他的项目都不要支持……""这个计划到底公司有没有批准……"现场顿时陷入一片混乱。

其实事实根本没那么复杂，财务总监之所以提出异议，是因为他刚上任，对公司还不太熟悉，不知道这是正式通达会，还以为是研讨会，因此，当心中出现疑问时他就举手发言了。会后，销售总监与他进行了单独沟通，他才知道自己闹了个乌龙，赶紧向销售总监澄清：除了报销部分细节，对其他细节他都没有异议。

在这之后，销售总监花了足足两天的时间与团队成员沟通，向他们说明情况。因为现场还请了其他部门的同事，所以销售总监又找到其他部门的负责人进行解释，尽量消除信息差与臆想的矛盾等问题。

其实，很多创业公司都曾发生过类似的问题，大家的背景不同、沟通习惯不同、对事情的认知也不同，出现这样的情况似乎再正常不过了。但是，在正式会议上出现这样的尴尬场景，还是会让大家产生一些误解。如果这种误解不消除，员工很可能会对整套内容是否合规产生疑问，在执行时就会缺乏信心，导致执行效果大打折扣。

因此，管理团队在目标策略通达会上一定要统一口径，让员工充分感受到管理层对整个公司战略的决心和信心。

**②自上而下的通达，体现了自下而上的建议。**

正确的决策往往凝聚了众人的智慧，同样，目标策略通达会上通达的很多内容（包括策略和行动）也来自基层的集思广益。既然如此，管理者应该在目标策略通达会上对基层员工表达谢意:"谢谢你的建议,公司接纳了并列为工作重点,投入资源要力推发生。"曾提过相关建议的员工会因此充满自豪感和成就感,在执行的时候会更加努力。

根据马斯洛的五阶需求层次理论,人类的需求像阶梯一样从低到高按层次分为五种,分别是:生理需求、安全需求、社交需求、尊重需求和自我实现需求。不管是多么基层的员工,都有被人尊重的需求和高层级的自我实现的需求。当员工看到自己的建议变成方案时,一定会自发、主动地去执行,努力使其落地。这种由内而外地发自内心去执行的效果又岂是被要求去执行可以相提并论的?

《道德经》里说:"善结,无绳约而不可解。"意思是,真正善于与人互动联结的人,不需要使用绳索去捆绑约束别人,但其关系是牢不可破的。同样,管理也要激发员工的主观能动性。及时的感谢与鼓励,让员工感觉到自己参与了规划,为团队价值和自我价值的实现做出了贡献,这种"无绳约"的关系能充分发挥正向积极的牵引作用,促使良性循环的形成。

**③备好全套资料,会后马上行动。**

千万不要为了形式而形式,为了开会而开会。要么不开会,要么开个准备充分、有效输出的会。

在这方面,我有一个心得:每次开会都要求参会者输出具体的下一步行动计划,让他们带着任务开会,他们就会听得特别认真,当场输出的效率特别高。对目标策略通达会也是如此,开会前要备好全套资料,除了通达外,还要预留至少1个小时对接下来三个月的行动计划进行演练。在演练时可以使用"落地一页纸"模板,让参会者根据在会上接收到的信息填写"目目策量",然后让他们按照自己的理解填写后面的"动人天成"部分,此时输出的"落地一页纸"可以不完美,会后继续完善即可。每个人都带着计划初稿回去,这一天的时间就没有白花。

### 3. 会前准备

目标策略通达会需要单独立项并且进行项目管理,要指派专人做项目经理,带领项目组分工合作,这样才能使会议有条不紊地进行。而且,在会前,还要完成大量的准备工作。

为了帮助大家做好会前准备,我准备了一个拿来即用的专门的项目管理实用模板,如表 6-1 所示。在这个模板中,我将目标策略通达会分为筹备期、开会期和复盘期三个阶段,列举了 17 个关键里程碑行动,当你需要使用时,请完善"动人天成"部分,然后就可以现学现用了。

**建议练习**

请为你们公司即将举办的目标策略通达会做好准备,在表 6-1 中填入每项的负责人和完成日期,并按完成的情况进行进度跟踪(可以使用前面所介绍的"红黄绿交通灯"标注法)。

表 6-1 目标策略通达会项目管理实用模板

| 阶段 | 序号 | 行动 | 负责人 | 完成日期 | 进度跟踪（"红黄绿交通灯"标注） |
|---|---|---|---|---|---|
| 筹备期 | 1 | 确认大会议程及各项负责人 | | | |
| | 2 | 确认项目组成员及成员例会机制 | | | |
| | 3 | 确定大会具体时间 | | | |
| | 4 | 和各项议程负责人线下沟通，协调其团队的议程细节，包括每项议题的内容重点、发言人、时长 | | | |
| | 5 | 召开项目启动会，即第一次项目成员沟通会，团队内明确目标、各自任务、规则等事项 | | | |
| | 6 | 收集完整的公司或部门年度规划一页纸 | | | |
| | 7 | 预定会议室，申请后勤费用 | | | |
| | 8 | 发出会议邀请，明确大会时间、目的和注意事项 | | | |
| | 9 | 设计会后调研问卷 | | | |
| | 10 | 收集大会 PPT 资料 | | | |
| | 11 | 完成 OGSM 目标评审会（公司层级的审批） | | | |
| 开会期 | 12 | 召开目标策略通达会之预备会，核心管理人员预演将通达的要点，对齐跨团队协作点 | | | |
| | 13 | 收集大会 PPT 资料终稿 | | | |
| | 14 | 大会彩排预演、线上会议系统设备调试 | | | |
| | 15 | 大会正式举行 | | | |
| 复盘期 | 16 | 问卷调查结果统计 | | | |
| | 17 | 大会复盘总结 | | | |

## 4. 会议内容

会议内容应包括 5 个模块：回顾过去、展望未来、召唤行动、文化导向、培训赋能。

设计的逻辑包括了成功影响力的两个必要条件：前三个模块（回顾过去、展望未来、召唤行动）是让员工听懂要他做什么；后两个模块（文化导向和培训赋能）是让员工知道做到后对他有什么好处，即传达给员工行动之后的回报预期（包括激励方案、能力提升等）。以下是较为完整的目标策略通达会议程框架，如表6-2所示，供大家参考。

表 6-2 目标策略通达会议程框架

| 分类 | 内容 | 作用 |
| --- | --- | --- |
| 1. 回顾过去 | 1. 生意回顾 | 坦诚沟通，明确起点；表扬优秀，指出需改善的地方和机会点 |
|  | 2. 重大项目回顾 |  |
| 2. 展望未来 | 3. 明年业务部门的目标、策略屋、期望 | 统一方向 |
|  | 4. 每条策略的行动计划的重点描述 | 提供行动指引 |
| 3. 召唤行动 | 5. 品牌、渠道、营销大事件年历 | 明确具体要求 |
|  | 6. 未来3个月的目标和下一步时间表 |  |
| 4. 文化导向 | 7. 公司文化导向和激活组织的举措，如全面预算时间表、跨部门指标、绩效奖金方案等 | 与我相关 |
| 5. 培训赋能 | 8. 有针对性的培训，如"落地一页纸"培训、制定新SMART目标培训、行业趋势培训、某种打法的深度培训等 | 哪里不足补哪里 |

（1）回顾过去

对过去的回顾包括生意回顾、重大项目回顾，其作用是通过坦诚沟通，明确起点，表扬优秀，指出需要改善的机会点。

1）坦诚沟通，明确起点

管理者每年都应该为公司过去的成败得失定调，并在合适的时间和场景与员工进行沟通。这样才能使大家保持同频，激发同舟共济的决心。

创业公司好比一艘在海上航行的船，大家在这艘船上分工协作、同舟共济。核心管理团队就像是高级船员团队（如船长、大副、轮机长等），负责掌舵和监控所有设备的正常运行，他们能看到仪表盘和各类机器的运转情况，知道整艘船的健康度。但是别忘了，船上还有看不到数据的普通船员，他们也希望了解这艘船的真实状况，以及航行到底是一帆风顺还是前方暗礁丛生。最让人焦虑的是信息的缺失，只能凭碎片观察臆测，这容易导致他们做出错误的判断与决定。

我曾辅导过一家服装公司，2020年，受新冠疫情的影响，这家公司的整体销量下滑了20%，落后于市场大盘。员工通过工作中接触到的各种碎片信息（比如库存、出仓量等）了解到公司情况越来越差，对公司渐渐失去了信心，有些人甚至认为公司这艘船马上就要沉没了，于是开始重新写简历，打算另谋出路。

其实，服装行业有一条生死线或者说是盈利线，就是供应链效率。因为服装的SKU（Stock Keeping Unit，最小存货单位）特别多，如果能优化销售流程和供应链效率、练好内功，利润就会得到较大幅度的提升。这家公司的问题是整体业务量较大、供应链效率偏低，只是管理团队一直没有时间对其进行优化。疫情期间业务量降低了，管理团队恰好有时间做内部提效，最终全年利润涨了5%，但员工却对此一无所知。CEO和管理团队一如既往地埋头开战略会，兴高采烈地憧憬着明年大干一场，并打算到明年年底给大家发个大红包。不承想，今年年底，HR和部门负责人竟然收到了很多辞职信。

这就是信息差的影响。公司的利润明明上涨了，但管理团队却不与员工进行沟通，反而让员工感受到了完全相反的情况，误以为公司前景未卜。如果管理团队能早一点认识到这个问题，提前统一口径，并与员工进行沟通："公司虽然受疫情影响销量下滑，但是供应链效率却提升了，所以整体利润呈正增长。明年我们会投入更多资源，公司一定会有更好的表现！"那么，完全可以避免其后的各种鸡飞狗跳：管理团队分别访谈这些主动辞职人员，一一对其进行解释、挽留。

沟通可以在目标策略通达会上由现场最高负责人进行，也可以以"总经理的一封信"或在公司官方通告栏发布通告的方式进行。

2021年11月5日，餐饮龙头海底捞在其官方微博上发布了一封公开信，宣布关停300家门店但不裁员，将于集团内妥善安顿关停门店的员工，同时将启动"啄木鸟"计划努力改善经营，并表示"目前的苦果只能由我们自己一口一口咽下去，我们在此向大家保证，海底捞1 000余家门店服务员的笑容依旧灿烂"。

海底捞的这一举动是统一定调、主动沟通的典范。在公司遭遇股价暴跌及因过度扩张导致的门店业绩不佳、翻台率下降等困境时，与其让近2万名员工每天都担心裁员，难以安心工作，不如痛定思痛，主动告知员工和投资方真实情况和补救措施，稳定军心。

坦诚主动沟通是如此重要。你不定调，员工就只能自己猜，大家只会相信自己看到的东西，这样一来，就会流言蜚语满天飞，人心惶惶。如果是积极的定调，更应该在目标策略通达会这种如此正式的会议上公布，鼓舞士气。管理团队统一口径、主动沟通，为当下所发生的情况定调，员工就会对公司少一些质疑，多一些支持。

2）表扬优秀，指出需要改善的机会点

在正式的公开场合受到表扬的行为，是公司鼓励大家模仿的风向标。在我看来，在目标策略通达会上应至少分享两个优秀案例，最好选取之前进行了探索、证明有效、接下来准备推广到更大范围的新增长抓手案例。

从本质上来说，这不只是对某个人或某个团队的肯定与认可，更是通过公开表扬这种方式来引导、鼓励员工为公司积极做出贡献。这种公开表扬能达到三个目的：第一，成功案例能为员工带来信心，他们会想，"别人能办成，我也能办成"；第二，为新加入项目者找到师傅，成功案例的主角就是最好的教练，大家可以向他学，有需要可以向他请教；第三，在公开场合表扬优秀员工或团队，以满满的仪式感完成正向积极的闭环反馈，给其带来成就感和荣誉感。

同时，在目标策略通达会上还应指出需要改善的机会点。没错，我用的词是"机会点"，而不是"问题点"，这是因为，过去的问题点就是未来的机会点。在这里，我要为大家提一个实用建议：**请确保指出的是普遍性的、核心的关键问题，为将要通达的策略做好铺垫；切忌在这种公开场合批评任何个人**（除非是严重违反公司红线原则甚至违法违规的反面典型）。

表扬是为了推广，指出不足是为了改善。请记住这个主基调。

（2）展望未来

在这个模块，先和大家就明年的目标、策略屋、期望进行沟通，统一方向和期望，然后对重点策略、十件要事进行详细阐述，为大家提供行动指引。

你会发现，在这种多团队、多层级人员参加的通达会上，策略屋比年度规划一页纸好用多了！形象生动的房屋框架能言简意赅、清楚明了地标识出目的目标、策略要事、组织建设、一句话策略重点等要素，不需要细致丰富的文字描述就能让员工明白公司下一年的工作重点，如图 6-1 所示（年度规划一页纸细节可参考表 4-4）。在不同的场景使用不同的沟通工具，效果更好。

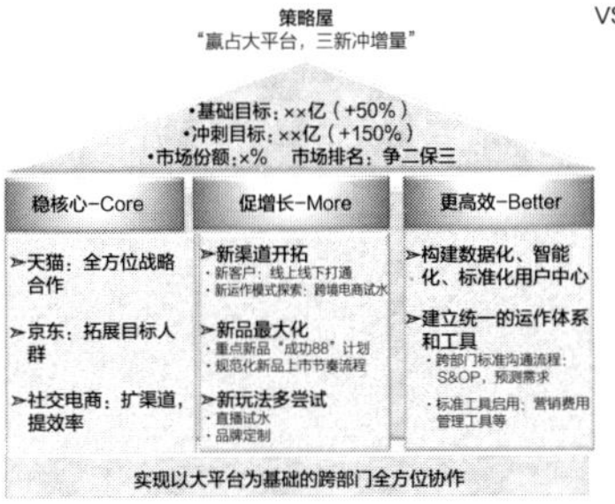


VS

年度规划一页纸

| 目的（Objective） | 目标（Goal） | 策略（Strategy） | 衡量（Measure） | 行动（Action） | 负责人（Responsible person） | 哪天（Time） | 是否完成（Check） |
|---|---|---|---|---|---|---|---|
| 通过深挖渠道机会，加速规模增长 | 1. 市场份额：×%（+×%）<br>2. 销售额：×亿元（+×%） | 深挖渠道机会——通过深度服务大平台用户、战略合作拓展规模 | •销售额：×元<br>•各平台市场排名：提升1位<br>•重点客户SKA增长率：+×% | 提交分平台一页纸计划：<br>1. 天猫：SKA级运营，引领公司和客户开展以大平台为基础的全方位协作 | 1. 天猫负责人A | ×月×日 | |
| | | | | 2. 京东：拓展规模目标人群，优化推广效率 | 2. 京东负责人B | ×月×日 | |
| | | | | 3. 社交电商：扩渠道，提效率 | 3.社交电商负责人C | ×月×日 | |
| | 3. 千万级爆品：×个<br>4. 新渠道销售占比：×%（+×%）<br>5. 重点渠道销售额：×亿元（+×%）<br>6. 新客户收入：×亿元 | 深挖渠道机会——通过开拓新渠道，获得新增长曲线 | •新渠道销售额：×亿元<br>•新开高潜客户占比：×% | 1. 提交新渠道开拓计划（线上、线下） | 新渠道负责人D | ×月×日 | |
| | | | | 2. 新运营模式运行：试水跨境电商 | 新渠道负责人D | ×月×日 | |
| | | | | … | … | … | |
| | | 通过标准化和聚焦关键新品，实现新品最大化 | •新品销售额：×元<br>•新品在重点客户的市场排名：对标Top竞品 | 1. 规范化新品上市节奏规划流程，重点新品全线启用新规范 | 1. 新品运营负责人E | ×月×日 | |
| | | | | 2. 重点新品分产品上市计划通过审批 | 2. 各产品运营负责人F/G/H | ×月×日 | |
| | | | | … | … | … | |
| | | 构建"三化"用服体系，从而提升用户满意度 | •项目按时完成率：×%<br>•售后全链路时长：×小时(-×%) | 1. 数据化、智能化、标准化的用户服务中心启动 | 用户服务中心经理I | ×月×日 | |
| | | | | 2. 售后标准和跨部门协作机制建立和运转 | 用户服务中心经理I | ×月×日 | |
| | | | | … | … | … | |
| | 7. 销售费率：×%<br>8. 预测准确率：×% | 建立统一的运作体系和标准化工具，提升效率 | •项目按时完成率：×%<br>•预测准确率：×% | 1. 跨部门沟通流程通达：包括S&OP、预测需求、市场部财务预算 | 1. 销售部负责人J | ×月×日 | |
| | | | | 2. 建立并启用标准工具：营销费用管理工具等 | 2. 数据主管K | ×月×日 | |
| | | | | … | … | … | |

图 6-1　策略屋与年度规划一页纸的形式对比（示意图）

介绍策略屋时，策略支柱里列举的十件要事建议由专人专项的负责人分别上台宣讲，而不是由部门负责人或者主持人一人讲完所有内容。这既能实现公开授权，也能使这些骨干得到锻炼成长的机会，让他们产生充分的成就感和主人翁精神。借事修人，目标策略通达会就是聚光灯下的良性竞技场。

（3）召唤行动

这个模块应展示"品牌、渠道、营销大事件年历"，详细阐述未来 3

个月的分解目标和下一步的时间表，通过进一步明确落地计划的关键节点和澄清期望，召唤具体行动。

很多创业公司都有一个问题：整个公司偏向各部门纵向管理，缺乏有效的跨部门横向拉通，各部门各自为政，跨部门沟通极其不畅。因此，虽然各个部门都非常努力，但项目却时常无法顺利实施，很多事情都做不到位，而问起原因，所有人都满腹牢骚："别的部门不支持我们的工作重点。"究其根源，从大的方面来讲，这是战略并非共创而成、方向并未对齐所致的；从小的方面来讲，是因为各部门都习惯了"游兵散勇式"的单部队作战，在日常工作中并未有意识地做跨部门联合计划。虽然总经理通常也意识到了这个问题，但头疼的是，似乎只有他本人事必躬亲或让得力骨干跟进拉通，执行才能有结果，因为人在本能上还是更重视本部门的工作重点。

其实，只要使用"品牌、渠道、营销大事件年历"，这个问题就能迎刃而解，如图 6-2 所示。

| 月份 | 1月 | 2月 | 3月 | 4月 | 5月 | 6月 | 7月 | 8月 | 9月 | 10月 | 11月 | 12月 |
|---|---|---|---|---|---|---|---|---|---|---|---|---|
| 店铺节奏 | 年货节 | 情人节 | 女王节 | 金妆奖 | 表白节 | 618大促 | 七夕 | 88会员节 | 99大促 | 预售盛典 | 双十一 | 双十二 |
| 主推新品 | | 新品1 | | 新品2 | 新品3 | 新品4 | | 新品5 | 新品6 | 新品7 | | |
| 资源货品 | | 情人节礼盒 | | | 品牌周年庆礼盒 | | | | | 联名款促销装 | 大包装定制版 | |
| 市场资源 | 公益户外活动 | 知名带货主播 | 明星跨界 | 腾讯公益合作 | 电视剧 | 故宫IP | 跨界营销 | 广告植入 | | | 待定 | |

图 6-2　品牌、渠道、营销大事件年历示例图

"品牌、渠道、营销大事件年历"最好由品牌部或市场部某位经理负责，各部门安排专人对接。通过第一次研讨制订全年分月计划后，由部门对接人每月滚动更新本部门对应的大事件，如品牌活动、渠道窗口、营销方案、市场活动、产品规划等。同时，在跨部门月会（下一章中会介绍会议机制）上，此年历也需要更新沟通，拉通每月需要彼此配合的重要行动。

在目标策略通达会上，应由年历负责人对每月大事件计划进行宣讲，这能使全体员工迅速对齐什么节点是公司最重要的窗口，把资源、精力都集中在那几个窗口，力出一孔，合力打爆商机！比如在图 6-2 的案例中，S 级大型促销窗口"618 大促"也是品牌的周年庆活动，在这样一个重要窗口，各个部门都迅速行动了起来：品牌部和其他美容品牌联合推出了故宫 IP 系列活动，产品部推出新品，市场部和运营部主导推出品牌周年庆礼盒，等等。如此高效的分工合作、资源聚焦，使公司获得了叠加的商业效益！

在"展望未来"模块，管理者还需要详细阐述未来 3 个月的分解目标和下一步时间表，这能使员工既有全年视角，同时也明确自己近期要承担的目标以及马上要动手执行的要事，做到有点有面、知远行近。

**实操技巧**

①中小企业可以随环境变化对计划进行灵活调整，不必强求做全年月历，做滚动的未来半年、3 个月的计划也会取得良好的效果。

②品牌活动、产品规划通常会涉及较多的敏感信息或不确定因素，

那就只放适合公布的短期计划（比如未来3个月的计划），而其他信息（如客户的活动窗口、运营的促销资源等）可以放更长时间段的（比如1年的），不必要求全部信息都完整。

简而言之，跨部门的大事件年历是非常有必要的，有比没有效率高太多了。不苛求完美，不需要全面，但求先开始跨部门对焦。

**建议练习**

请试着整理一下你们公司的各种大事件吧，把重要窗口、活动大事件的月历计划都列出来，在下一次管理层会议或跨部门会议上研讨对齐，如表6-3所示。

表6-3 品牌、渠道、营销大事件年历模板

| 月份 | 1月 | 2月 | 3月 | 4月 | 5月 | 6月 | 7月 | 8月 | 9月 | 10月 | 11月 | 12月 |
|---|---|---|---|---|---|---|---|---|---|---|---|---|
| 店铺节奏 | | | | | | | | | | | | |
| 主推新品 | | | | | | | | | | | | |
| 资源货品 | | | | | | | | | | | | |
| 供应需求量 | | | | | | | | | | | | |
| 营销活动 | | | | | | | | | | | | |
| 市场资源 | | | | | | | | | | | | |
| … | | | | | | | | | | | | |

### （4）文化导向

除了业务相关的部分，在目标策略通达会上，管理者还需要向员工通达公司的文化导向、激活组织的举措等，比如前面介绍过的"共建、共担、共享"（全面预算规划共建、跨部门指标共担、绩效奖金方案共享等项目），这些是"与我相关"的内容。

### （5）培训赋能

最后一个模块是培训赋能，即为员工提供有针对性的培训，哪里不足补哪里。下一年的策略重点、行动方案既然有很多优化、创新之举，那么其中必然涉及一些新概念、新名称、新做法，很多中层、基层员工对其可能只是一知半解甚至毫不了解，不加以解释指导，只简单直接地要求他们去执行，难免强人所难。趁着目标策略通达会，先对员工进行同时同步的培训赋能，再为他们解惑答疑，比起员工只是一知半解、直接执行出错后，你还要焦头烂额去纠错救火，这是再划算不过的时间投资了。

除了以上五个模块，最后还要预留一个小时，现场举行分组实战工作坊，让每位与会者参与本团队接下来3个月的"落地一页纸"的研讨，从而使每个团队或个人都有一份拿来即用的行动计划。这样一来，目标策略通达会就真正达到了"有效通达"的目的，因为宣讲只是单向的输出，而实战的行动计划输出才代表员工真正听懂了、知道要做什么，由此制订出来的可视性计划还可以用于后续的辅导对齐。

### 5. 会议流程

目标策略通达会的流程可以分为8个步骤：

- 主持人宣布会议开始，并宣读会议纪律。

- 总经理或部门负责人带领大家进行去年或上季度的生意回顾及重大项目回顾。
- 总经理或部门负责人通过策略屋宣讲明年期望，如目标、策略重点、十件要事等。
- 各专项负责人逐一阐述明年各部门十件要事的背景、目的、方案、下一步计划。
- 年历负责人宣讲跨部门的"品牌、渠道、营销大事件年历"。
- HR负责人进行文化及激励相关的计划宣讲和指导。
- 其他议题（有针对性的培训、现场行动计划输出等）。
- 主持人做会议总结（内容包括调查问卷、下一步重要事项、结束语等）。

以上详细介绍了目标策略通达会的操作指南，公司、部门层级的都适用，除了用作年度通达，亦可用作半年度、季度的通达，希望能使你学会如何有效地上传下达。

在战略未被执行之前，无法判断其是否正确。但管理团队的统一口径、充满士气的员工、力出一孔的运作体系，却能极大地帮助战略获得成功。

## 6.2 目标管理和监控可视性工具：部门记分卡

开完目标策略通达会，接下来要做的是用部门记分卡来记录、管控具体的执行情况。部门记分卡是用于目标管理与监控的可视性工具，每个团队的"落地一页纸"都应该配套设计相应的记分卡进行阶段性跟踪。

目标管理与监控对任何一家企业来说都是非常重要的。宝洁内部有一句话,"You get what you measure",也就是说,你衡量什么就会得到什么。IBM前董事长郭士纳也说过:"员工绝对不会做你希望的事情,只会做你考核的事情。"因为你期望发生的事情只存在于你的脑海里,所以对员工来说,它是难以捉摸的。但如果员工可以看到你每天关注的指标,他们就会知道什么是重点,然后认真跟进。所以,部门记分卡一定要用起来,并且要用好。

## 6.2.1 部门记分卡的设计框架

部门记分卡的元素从哪里来?其实都来自各部门的"落地一页纸"。在部门"落地一页纸"上,有部门记分卡的三类指标:

- 部门组织绩效
- 关键策略指标
- 关键行动指标

第一,部门组织绩效基本来自部门"落地一页纸"中的目标。第二,因为需要监控策略重点,所以要有关键策略指标。第三,指标需要具体的行动来实现,由此延展出关键行动指标。把这些指标分解为12个月的月度指标,每个月跟进实际是否按时完成,就能通过监控阶段性结果来确保全年目标的稳步推进和最终达成。

具体应该怎样设计和使用部门记分卡呢?请看部门记分卡的设计框架,如图6-3所示。

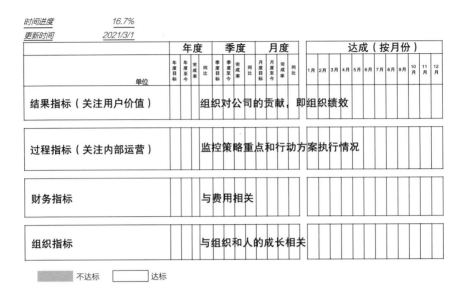

图 6-3　部门记分卡设计框架

具体来说，部门记分卡中包括结果指标、过程指标、财务指标和组织指标四类。

- **结果指标**：关注用户价值，是关注组织对公司的贡献，即组织绩效，来源于OGSM中的G。通过结果指标，能知道目标进度是否健康。
- **过程指标**：关注内部运营，监控策略重点和行动方案执行情况，它来自OGSM中的M和对行动的拆解。通过过程指标，能知道问题出在哪里。
- **财务指标**：与费用相关，能反映费用是否可控。
- **组织指标**：与组织和人的成长相关，能清楚地反映团队和个人的成长情况。

## 6.2.2 统一数据源，统一报表机制，就能提升决策效率

记分卡不仅能记录阶段性结果，还能帮助团队及时发现问题，尽快讨论，提升决策效率。

在这里，我们以某公司销售部的记分卡为例，如图6-4所示。

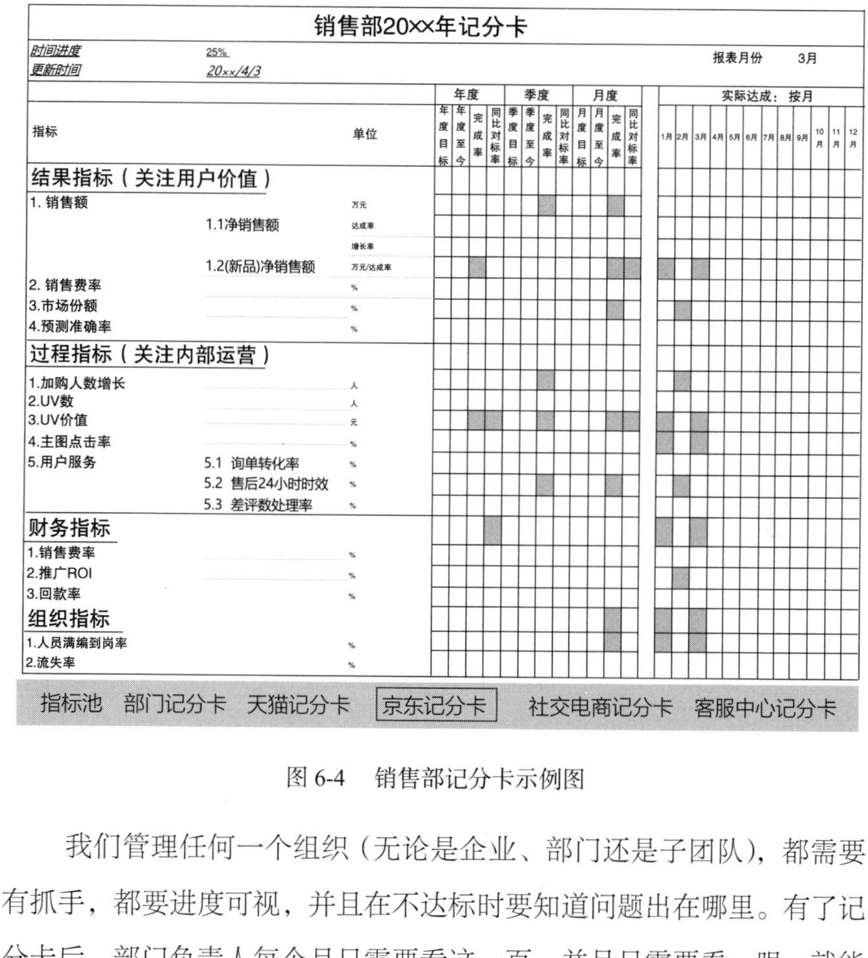

图6-4 销售部记分卡示例图

我们管理任何一个组织（无论是企业、部门还是子团队），都需要有抓手，都要进度可视，并且在不达标时要知道问题出在哪里。有了记分卡后，部门负责人每个月只需要看这一页，并且只需要看一眼，就能凭颜色判断部门出现了哪些问题。

这里所说的"部门记分卡"其实是一套表格，由部门的记分卡和子团队的记分卡等多张表格组成。请看图6-4底部的表名示例，每个子团队都有单独的一页记分卡。通过这套记分卡，两个层级的重要指标就都呈现在你面前了。

通过图6-4的案例，我们可以了解如何使用记分卡。

从纵向看，这个销售部的指标包括4部分：结果指标、过程指标、财务指标、组织指标。从横向看，每个指标都先分为年度、季度、月度3个维度，再细分为目标值、至今完成值、完成率、同比对标率。既然有对标，在表格中就要用颜色标注达标情况，比如已达标的不用标颜色，没达标的标红色。加上颜色标注之后，每一项是否达标都一目了然。当你发现有问题时，还可以马上深入分析子团队的记分卡，找出问题的根源，马上讨论，制定改进措施。

比如，图6-4显示过程指标中部门的UV价值完成情况不理想，从年度、季度到月度都有问题，都是红色的。毋庸置疑，当部门负责人发现这个情况时，最想知道的一定是因为哪个子团队未达标导致了部门该项不能达标。这时，他只需要点击该文件下方的各个子团队记分卡，比如"京东记分卡"，就可以看到京东子团队的各项指标情况。接下来，部门负责人再点击旁边的几个记分卡项目，就能迅速看到天猫、社交电商等其他核心平台的指标，从而找出最大的问题点——京东团队UV价值达成差距最大，这就找到根因了。然后，他就可以和京东团队主管、骨干进行讨论，一起商量如何改进。

因为部门记分卡的元素来源于"落地一页纸"的"OGSM+动人天成",都是团队最关心的一些指标,所以,把它们一起呈现出来,就能使管理者迅速找到问题点和机会点,并及时进行调整。我相信每家公司都有各种各样的报表和数据,但遗憾的是,我看到很多人在遇到问题时并不知道该去哪份报表找哪个数据。而记分卡把部门的重要数据用清晰的逻辑有机串联在一起,并直观地展示了出来。

需要提醒的是,针对记分卡的指标,管理者需要与员工就定义、取值范围等提前达成共识,还需要确定回顾方式,比如什么时候将部门记分卡发给谁,通过什么方式,需要回顾哪些事情,和谁回顾等。统一数据源,统一指标定义,统一标准化报表发布机制,让整个团队避免了因取值范围不一致、指标理解不一致而导致的无效分析和争论,从而使决策效率大大提升。

### 建议练习

请使用部门记分卡设计框架,设计你团队的记分卡吧。刚开始你可以只选取最核心的指标,特别是与目标和策略相关的指标,不必追求完美,先行动起来最重要。

### 实操技巧

① OGSM战略落地体系是通过"落地一页纸"来打通战略与个人绩效的,因此,员工的关键绩效指标应该与其部门记分卡或团队记分卡

的指标密切相关，不要脱离部门记分卡或团队记分卡去做个人关键绩效指标，要记住一点：组织不要求你做的事都不是重要的事。

②记分卡是监测运作健康度的仪表盘，不要直接考核所有的指标项，而是选取部分进行考核。无论哪个层级的记分卡都只是用来监控该组织运转健康度的，是帮助管理者及时检测团队中的问题并迅速采取针对性的措施的，不能直接全部用于考核。**记分卡包含的指标不仅涉及多个维度，而且数量繁多，如果直接考核上面的所有指标，容易导致注意力分散，使员工无所适从，进而产生抵触情绪。**用于考核的关键绩效指标应该从通过业务分析找出的有针对性的重要指标或问题指标中抽取，这更有利于聚焦。

第 7 章

# 目标计划到人，建立闭环管理

## 7.1 PDCA循环法

前面已经学习了如何制定、通达目标、策略和计划，也学习了衡量、监控进度的工具和方法，下面我们将学习如何让公司、部门、团队层级的部署下沉、裂变为每个员工的个人目标和计划，并学习建立企业的闭环管理机制，即在OGSM和"落地一页纸"的帮助下使整个战略落地体系形成从规划、执行、检查、调整到沉淀总结为可复制迭代的标准和流程的闭环链路，且循环提升。

学习要做到"知其然，知其所以然"，我一直主张，科学的学习顺序应该是，先对齐观点，达到认知同频，再学习方法论和工具，达到能力同频。因此，我们先要对齐概念，了解什么是PDCA循环法。

PDCA循环法最早是由美国质量管理专家沃特·阿曼德·休哈特（Walter A. Shareware）提出来的，后来由爱德华兹·戴明（W. Edwards Deming）推广普及，所以又称"戴明环"。PDCA循环法是一种闭环思维方式，它将质量管理活动分为 4 个阶段、8 个步骤，如图 7-1 所示。

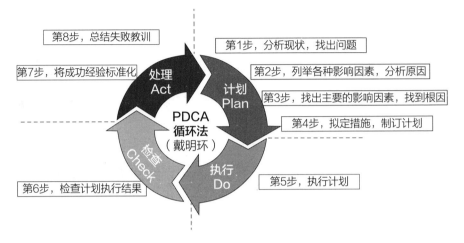

图 7-1　PDCA 循环法的 4 个阶段、8 个步骤

其中，4 个阶段是指：

- P（Plan，计划）：确定方针和目标，确定活动计划。
- D（Do，执行）：按计划分步实施。
- C（Check，检查）：对照目标检查执行的结果，发现偏差要及时纠正。
- A（Act，处理）：总结成败经验，下次调整改进。

8 个步骤是指：

- 分析现状，找出问题。
- 列举各种影响因素，分析原因。
- 找出主要的影响因素，找到根因。
- 拟定措施，制订计划。
- 执行计划。
- 检查计划执行结果。

- 将成功经验标准化。
- 总结失败教训。

由图7-1可见，PDCA循环法中有4个步骤在P（Plan，计划）的阶段，这说明计划是最重要的——想不明白就说不清楚，说不清楚就写不下来，写不下来就肯定做不到。所以，在开始执行之前，一定要想清楚要什么、是什么、做什么、怎样做、谁来做、什么时候完成哪些工作，也就是落地袁环的"OGSM+动人天成"8要素。

反观公司和个人常常遭遇的推行不顺、执行不到位的状况，往往是因为计划不充分，没有提前准备备选预案，因此，一旦遇上问题就手足无措，不知该如何解决，只能到处救火，却无济于事。

我在宝洁时，有一位老领导经常强调一句话："所有执行的错误都是计划的错误！"我深以为然。这位领导就是曾任宝洁大中华区销售部总裁、阿里巴巴集团副总裁的Kevin Lin。我担任宝洁全国新兴渠道战略规划总监时，有幸与他进行过多次直接交流，受其指导，感受到他的风格是谋定而后动，动则雷厉风行。他对策略计划团队的要求是最高的。的确，对真实的业务尤其是上万人参与的全国性项目而言，在计划阶段越仓促，思考越片面，后续执行时越是问题层出。

此外，A（Act，处理）阶段有两个步骤——将成功经验标准化和总结失败教训，这是为了避免问题重现。做到了这两点，才能达到我常说的"踩坑学费不白交，成功经验要沉淀"。这样，管理从分析和做计划开始，以输出标准和流程为终结，真正实现了闭环。未解决的问题要放到下一个 PDCA 循环中。通过一次次的 PDCA 循环，企业不断获得提升。

为了提高沟通合作的效率，我建议每个人都养成闭环的思维方式，让 PDCA 成为无处不在的行为习惯。那么，怎么才能养成闭环的思维方式、培养职业化习惯呢？可以借助 3 个实用的管理工具：个人目标计划一页纸、高效布置任务之五步法、高效复盘之平衡反馈法。

### 7.1.1　人人有计划：个人目标计划一页纸

在企业管理中，我们发现：越是基层的员工，越是只关注 D（Do，执行）阶段。一接到上级的任务就马上去执行的员工经常被称为"行动派"，但这种不假思索、直接开干的行动派真的好吗？在现实中，碰壁的往往也是他们。

作为管理者，我们有责任引导员工制订个人目标计划，并对他们进行及时的辅导反馈，让其个人目标计划能承接上级的要求、期望、目标和方向，为组织绩效的达成做出贡献。只有当员工也有了对准公司战略的个人目标计划后，公司的战略才真正地层层贯穿、执行到人，而不是只浮在管理团队层面。对战略执行而言，员工的个人目标计划是不可或缺但经常被忽视的落脚点。

不过，很多高管会有这样的抱怨："道理我也懂，但是员工的水平参差不一，有些基层员工能执行就不错了，让他写书面计划简直要了他的命！"诚然，不是每一位员工都有非常好的文字功底，也不是每一位员工都擅长书面表达，但是如果员工理解的执行和上级的实际要求有偏差而不自知，也不被他人所知，后果往往非常严重：不但员工的辛勤劳动付之东流，上级还要花费大量时间和精力去返工纠偏，误时误事。所以，我们要用简单可行的方法和工具引导员工先计划，后行动。

下面介绍两种引导员工输出个人计划的实用方法。

**1. 口头引导**

在上下级沟通时，经常会出现这样一种情况：上级布置完任务，员工习惯性地回答"好的，我马上去做"，然后掉头就走。在这种情况下，管理者应该怎么做呢？你可以多问以下几句话。

先问第 1 句："你打算怎样做呢？"员工会自然而然地回答你他想怎样做、分哪些步骤，其实这是他在脑子里思考和构建的行动计划。对他的这个初步计划，你可以提供一些建议，使其更完善。

等他说完，你再问第 2 句："你觉得会遇到什么问题？"员工思考后回答的，其实是可能发生的风险和提前准备好的应对预案。这时，你可以结合自己的经验对其加以辅导。

最后，你再说第 3 句："你去做吧，做完和我说说情况。"这是提醒员工要闭环沟通，完成执行、检查和处理的环节。

你看，只用简单的三句话，就能引导员工梳理思路，输出行动计划，完成 PDCA 闭环思考和安排。

> 建议练习

建议作为管理者的你，以后在和每位员工沟通任务时都多说这三句话。这样，你不但能使自己养成良好的口头辅导习惯，还能帮助员工养成闭环思考的好习惯，何乐而不为呢？

## 2. 书面引导

有些员工很怕写书面计划，一是因为没有模板，二是因为没有思路。我分享的书面引导法，只需要"一页纸模板+5句话"，就能引导员工有效输出书面的个人计划，方便管理者对其进行沟通辅导以及后续的复盘跟进。这个方法适用于年度计划、季度计划、月度计划、项目计划等，下面我以月度计划为例，对这一方法进行详细介绍。

（1）一页纸模板

个人目标计划一页纸模板如表7-1所示。

表 7-1　个人目标计划一页纸模板

| 个人目标计划一页纸 - ××（姓名） | | | | | | |
|---|---|---|---|---|---|---|
| 目的 | | | | | | |
| 目标 | 重点事项（策略） | 衡量 | 行动 | 负责人 | 哪天 | 是否完成 |
| 结果指标 | 准备做什么 | 怎样证明重点事项的成功 | 具体步骤 | 谁负责 | 哪天完成 | 标绿：能提前或完成<br>标红：将落后或风险不可控，很有可能无法按时完成<br>标黄：能按时但不能按质，风险可控 |
| 数据 | 文字描述 | 数据 | 分项目或分步骤 | 岗位+姓名 | 具体日期 | |
| | | | | | | |
| | | | | | | |
| | | | | | | |
| | | | | | | |
| | | | | | | |
| | | | | | | |

个人目标计划一页纸和公司、部门的"落地一页纸"有 3 个区别。

第一,"目的"的位置发生了变化,说明员工不需要花费太多时间和精力去思考目的,只要承接上级主管制定的相关策略,并稍加延伸即可。

第二,"策略"改为了"重点事项",用所有人都听得懂的大白话来直白地询问重点,而不用"策略"这种需要更高级别认知的归纳用语。

第三,"行动"里特别强调要填入"具体步骤",引导员工用时间分步法来思考重大事项可以分哪几步进行,而不是让员工用要求相对较高的要素分解法来计划。

个人目标计划一页纸还配有"新 SMART 目标自测评估表",如表 7-2 所示。员工在完成个人目标计划一页纸后,对照目标制定的新 SMART 要求,对以上个人目标计划评估打钩,有 5 个"√"才符合要求,之后可以提交给上级主管并约定时间进行一对一面谈辅导。这能锻炼员工自行制定新 SMART 目标的能力和判断能力,使主管不必再从 0 到 1 手把手帮助员工制订个人目标计划,而可以将时间和精力集中于对下属的辅导上。

表 7-2　新 SMART 目标自测评估表

| \*请对照新 SMART 要求,对以上个人目标计划评估并打钩,有 5 个"√"才符合要求,可以上交给上级主管并约定时间进行一对一面谈辅导。 | | | | 评估打钩(√) |
|---|---|---|---|---|
| S | Specific<br>明确的 | 明 | ①够明确吗?(能脱稿复述什么时候要达成什么结果吗?) | |
| M | Measurable<br>可衡量的 | 量 | ②有量化指标吗? | |
| A | Ambitious<br>挑战更高的 | 高 | ③和自己比或和别人比,要求更高吗? | |
| R | Realistic<br>能实现的 | 能 | ④是可能实现的吗? | |
| T | Time-Based<br>有时限的 | 时 | ⑤有行动时间表吗? | |

### （2）5句话

管理者可以依次使用以下 5 句话，引导员工从思考目标、重点事项、具体步骤、准备预案、书面填写再到自测一步步地输出个人目标计划一页纸。

- "下个月你的目标是哪些？"
- "下个月你的重点事项是什么？"
- "这些重点事项，你打算分哪几步来做？"
- "你觉得会遇到什么问题？"
- "请把刚才你说的内容填进这一页纸，填完后按照目标制定的新SMART原则自测打钩，能打到5个钩后发给我看看，那就是你下个月的计划了。"

在这个过程中，管理者要根据实际沟通情况，结合自己的经验为员工提供辅导、建议，帮助员工完成书面计划。这份书面计划的输出过程，其实也是管理者引导员工完成"OGSM+动人天成"、制定新SMART目标和对其进行业务辅导的过程。

就这样，通过"一页纸模板+5句话"，下属的个人月度计划就出来了。

**实操技巧**

①顺序不要错：先问问题，进行沟通，给出建议，再掏出一页纸让员工填写。这样可以使员工在口头沟通时保持轻松的心情，一步步深入思考，最后输出书面计划，整个过程是水到渠成、毫不费力的。千万不要先掏出一页纸模板给员工，再问问题，这样员工容易紧张、抗拒，效果

不佳。

②建议的沟通场景：一对一面谈辅导。管理者应每月至少一次对直线汇报下属进行一对一面谈、业务辅导，并且要养成在管理上的PDCA闭环习惯：辅导员工输出计划—执行—检查—复盘。每月一次的一对一面谈，会使员工和上级达成对目标、计划、执行、检查、处理的共识，养成及时纠偏的好习惯，建立良性循环。**舍得在人身上花时间，能减少很多不必要的误解、误判、错误执行，你就不必到处救火。**从经济学角度来说，这样做是更加划算的。

这些简单高效的话术，是我从多年的业务指导和管理技巧赋能的经验中总结出来的。它们以员工习惯的口头沟通方式为切入点，以教练式辅导、高效提问为设计基础，以员工主动思考输出为成功标准，能使员工打开沟通的心门，减少员工对书面计划的抗拒或恐惧，使员工在轻松的氛围中梳理好思路，并对自己的输出充满责任感和自豪感。有了可视的、方便讨论的员工个人目标计划，管理者与员工之间不再是简单直接的命令与服从关系，而是对齐执行期望，达成细节共识。员工由此得到了成长，管理者也由此对员工有了更多的了解。

建议练习

在和你的直线下属进行一对一面谈时，请使用以上的书面引导法，用"一页纸模板+5句话"，引导所有直线下属输出他的个人目标计划一页纸。

## 7.1.2 高效布置任务五步法

你有没有这种感觉：在布置任务时，你觉得自己明明讲得很清楚了，但下属的执行结果却和你的期望相差甚远，有时甚至是天壤之别。在跨部门沟通中，这样的情况也时有发生。

电商公司的运营人员经常需要与设计师沟通，提出页面设计的需求，但设计师完成的设计稿总是和运营想象中的非常不同。比如，为了迎接S级大促活动"双十一"，某电商公司的运营经理找设计师做促销页面，要求重点突出促销信息，但设计师设计出的页面却不尽如人意：虽然充分体现了美感、产品品质和体验的氛围感，但要求强调的促销信息（如第2支半价）在页面上却只有一行简单的字。显然，这没满足运营经理的要求。

这时，矛盾出现了。设计师认为自己已经竭力满足运营经理的要求了，从美感的角度来看，这行促销信息过于突出，甚至破坏了整个页面的和谐。而运营经理很不满意，毕竟，"双十一"是一年一度最重要的营销窗口，能为公司贡献全年20%的销售额，在这样一个节点，页面上的促销信息竟然毫不显眼，怎样引流，怎样成交？于是，他要求设计师修改页面，让促销信息更加突出。

设计师很不高兴，认为运营经理不懂设计还提出诸多要求，而且要的是"五彩斑斓的黑"，让人摸不着头脑。

再次沟通后，运营经理终于直接明确要求："请你修改，促销信息至少要占页面的四分之一！要用黄底红字的那种爆炸贴形式！"这次，设计师总算是明白运营经理的真正需求了，一肚子火地返工修改，而运营经理也因为时间和精力被浪费而满怀怒气。

在上下级沟通和跨部门沟通中，这类问题并不少见。是非对错很难评判，从各自的专业角度来说，大家都是有道理的，但沟通过程却很不顺畅，效率也极其低下。

为什么会出现这种情况呢？其实是因为布置任务的方法不对。很多管理者在布置任务时常常用简单的一句话说完就觉得万事大吉了，完全不关注员工有没有听懂。而还没有理解到位的员工直接开干，后果经常是不得不返工。其实这种布置任务的方式只是单向的信息传递，并不是有效沟通。有效沟通必须是双向的、交互的、能核实的。

实际上，如果管理者掌握并使用高效布置任务五步法，这种因沟通不充分而导致的返工是完全可以避免的。高效布置任务五步法可以分为五个步骤。

第一步：阐述任务。

告诉员工任务是什么，并说清楚具体要求。

第二步：让对方复述任务。

要求对方复述任务，这是为了确保他无遗漏地接收到信息。通常他会把你的话重复一遍，信息的双向交互由此开始。

第三步：询问对方对任务的理解。

这时，对方会用自己的理解来讲述任务是什么，由此你就可以知道他的理解是否存在偏差，并对其进行反馈，提出建议，对齐理解。这是有效沟通里的核实信息环节。

**第四步：询问对方可能会遇到的问题。**

这时，你所做的是引导他充分思考风险，并做出应对预案。你可以给予他相应的辅导建议。有了这一环节，如果在执行任务的过程中真的出现了这些问题，员工就有能力当场解决，并且毫无后顾之忧。这是因为，他在你的引导下已经提前思考过解决方案，在脑海里演练过遇到问题时应该如何处理了，而且你们对相应的解决方案进行过讨论，从某种程度上来说他已经获得了你的授权。

**第五步：询问对方是否有更好的建议。**

让他发挥自己的经验和专业优势，更自主、全面地思考问题。

具体话术如表7-3所示。

表7-3 高效布置任务五步法

| 序号 | 步骤 | 话术 |
| --- | --- | --- |
| 第一步 | 阐述任务 | "请你办件事……"（时间、地点、任务、具体要求） |
| 第二步 | 让对方复述任务 | "我说清楚了吗？请你复述一下。" |
| 第三步 | 询问对方对任务的理解 | "可以说说你的理解是怎样的吗？" |
| 第四步 | 询问对方可能会遇到的问题 | "可能会遇到什么问题呢？真遇上了，你打算怎么解决呢？" |
| 第五步 | 询问对方是否有更好的建议 | "你有没有补充建议？" |

具体来说，这五步的具体话术各有其作用。

**第一步："请你办件事……"**

对员工讲清楚时间、地点、任务、具体要求。

**第二步："我说清楚了吗？请你复述一下。"**

"我说清楚了吗？"和"你听懂了没有？"有天壤之别。"我说清楚了吗？"会让对方在沟通中没有负担，让他感觉即使自己真的不理解，责任也不在他，而是因为你没有说清楚；如果你问的是"你听懂了没有？"，对方很有可能会下意识地逃避责任，因为这句话的潜台词是"如果你没有听懂，责任在你，是你没有认真听或理解能力不足"，这样他即使没听懂，也会点头说"懂了"。要进行高效沟通，一定要创造一个轻松、安全的氛围，尽量让对方打开心扉，以开放的心态去接收信息。

第三步："可以说说你的理解是怎样的吗？"

在员工讲他的理解时，如果你发现其理解存在偏差，可以马上纠偏，对其进行辅导。这样就可以避免由于理解偏差、做了再说、做错再返工而导致的时间浪费。

第四步："可能会遇到什么问题呢？真遇上了，你打算怎么解决呢？"

借助这些问题，你可以与员工展开头脑风暴，一起预测接下来可能遇到的问题，讨论解决方案，并对其进行授权。这样，员工真遇到问题时就不用火急火燎地来找你问"该怎么办"，而是自己当场就能解决。

第五步："你有没有补充建议？"

如果员工认真思考过这个问题，那么你安排给他的任务就真真正正变成了他想做的事情，因为这是他自己的主意。人对自己的主意有着天然的责任感。

在我的课堂上，有高管学员曾问我："袁老师，我们在企业每天都很忙，哪有时间耐着性子慢慢引导员工，还要问那么多问题？直接告诉他怎么做不是更快吗？"问出这个问题充分说明了这位学员不明白自己为什么这么忙。他之所以忙，是因为把大量的时间花在了"执行"和"纠偏"上，而不是用于 PDCA 里更重要的 P（Plan，计划）阶段。如果他懂得用这几句问话来引导员工与自己先对计划形成共识，再去行动的话，实际上他反而能节省很多时间。这个形成共识的过程是非常有价值的。

### 7.1.3 高效复盘之平衡反馈法

完成任务后，复盘总结是必不可少的，而复盘肯定涉及做得好和不够好的方面。从人性的角度来讲，谁都不喜欢别人说自己的不好，更不喜欢老板说自己的不好，尤其是老板在公众场合说自己的不好。其实，复盘也可以有轻松的方式，我建议管理者使用平衡反馈法，引导员工自评。之所以叫平衡反馈法，是因为它能从优点和提升点两方面对执行过程进行复盘和评价，这样既客观全面，又能使员工保持平衡的心态，容易被员工接受。

平衡反馈法同样可以分为五个步骤，并且每个步骤都有相应的话术，如表7-4所示。

表7-4 高效复盘之平衡反馈法

| 序号 | 步骤 | 话术 |
| --- | --- | --- |
| 第一步 | 总体评价 | "能总体评价一下你的工作吗？你给自己打几分？" |
| 第二步 | 正向反馈（3点） | "请说出3个你做得好的地方。" |
| 第三步 | 建设性反馈（2点） | "如果可以重来，什么地方可以做得更好？""还有吗？" |
| 第四步 | 给出自己的评价 | "我的评价是……" |
| 第五步 | 下一步提升 | "下一次（面对同样的任务），你会怎么做？" |

**第一步：总体评价。**

在这一步，管理者可以问一问员工："能总体评价一下你的工作吗？你给自己打几分？"让员工给他自己打分，可以使管理者清楚地了解到其自我评价与上级评价之间的差距。

有时上级觉得下属做得很差，可是下属却觉得自己做得很好。在遇到这种情况时，管理者首先要知道彼此的评估是存在差距的，然后再进一步了解差距产生的原因，只有这样，辅导才能深入、同频。否则，双方就像是在两个平行空间中对话，看似一来一往，实际上各说各的，没有交集，互相不理解。

还要提醒的一点是，请管理者不要告知员工你给他打了多少分。这么做有两个原因：第一，两个完全独立的个体基于不同的经验、标准打出的分数并不适合直接对比；第二，如果管理者给员工打的分数较低，会使员工感到非常沮丧，导致沟通窗口的关闭。

**第二步：正向反馈。**

在这一环节，管理者可以对员工说："请说出3个你做得好的地方。"这是为了引导员工回顾他自己的成功之处，给自己正向反馈。任何事情都有两面，有些工作即使结果很糟糕，但过程中仍会有亮点，比如某个销售员去拜访客户时并未完成销售任务，但是与上次相比却有很大进步。上一次拜访他只能接触到采购主管，而这次却可以和采购总监直接对话。通过寻找自己的亮点，对自己加以肯定，员工就能记住这些成功经验，经验就被沉淀下来，同时员工还能建立自信，振奋士气。

**第三步：建设性反馈。**

当管理者问员工"如果可以重来，什么地方可以做得更好？""还有吗？"时，其实是在引导他说出这次做得不好的地方，这些也就是问题点和需要提升的点，让他给自己做建设性反馈。

这两句话是针对新一代员工更加年轻化、个性化和自我意识更强的特点设计的。5年前我经常用并且非常有效的话术是单刀直入地问:"请说说两处你做得不够好的地方。"后来,我发现当我这样问的时候,新一代员工往往会走向情绪化:"老板,我觉得我做得都很好了!"时代变了,沟通对象的特点变了,原来的话术就不再适用了,这时,管理者应该主动改变自己,用他们的语言与他们对话。当我们问"如果可以重来,什么地方可以做得更好?"时,员工会在脑海中对事件进行重新思考,他会回答:"虽然我觉得自己做得不错,但是如果再重来一次,我还可以对这几点做一些改进……"

**第四步:给出自己的评价。**

引导员工打分和回顾之后,管理者应给出自己的评价:"我的评价是,我很同意你刚才的观点。我再给你一些建议,你这几个地方做得不错……这几个地方还可以提升……"这样就能使双方愉快地达成共识。

**第五步:下一步提升。**

最后,管理者可以问员工:"下一次(面对同样的任务),你会怎么做?"这时,员工很可能会把刚才他说的、你说的、做得好的和需要提升的都讲一遍。这会使这场谈话的价值达到最大化:输出标准,沉淀经验。

### 实操技巧

①时刻牢记复盘的目的是输出标准,沉淀经验,而不是批评发泄。

复盘的目的是输出标准,沉淀经验,所以,即使你觉得员工没有把事情办好,即使你再生气,也请控制好自己的情绪,不要批评发泄,要耐心地、坚定不移地对员工进行引导，使沟通始终朝着复盘的目的而去。如果不达到目的，对你自己来说也是浪费时间。

②员工多说，老板少说。

在现实中，我经常看到的复盘场景是，老板滔滔不绝，员工低头不语或者点头赞同。先不论老板说的是否正确，至少员工并未主动思考，而是一直在被动地接受老板单向传递的信息。这不是有效沟通，长此以往，员工会逐渐封闭自己，甚至干脆关闭沟通的渠道："既然你爱说，那你就说个够吧！"而老板也会越来越困惑："我都说了多少次了，怎么这次还是犯同样的错误？"因此，管理者一定要让员工多说，这能帮助员工通过思考和总结获得成长。而且，当员工说出的是自己的观点时，他会产生一种责任感，并会在这种责任感的驱使下不断改进自己的行为，下次执行的效果就会更好。**没有人喜欢用不负责任来证明自己的观点是多么错误。**

## 7.2 建立业务管理闭环机制的四个关键行动

对企业来讲，从战略规划到最终落地的业务体系是最大的PDCA闭环，如图7-2所示。

年度规划一页纸（包括公司的、部门的、子团队的）是企业最重要的计划（P）。所以要成立年度规划OGSM落地项目组，使每个层级都有专人负责对接，根据公司的整体节奏稳步推进本层级的规划与执行。

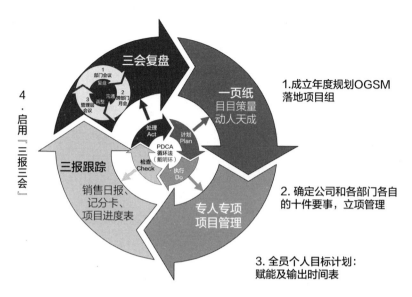

图 7-2　战略落地体系之业务管理闭环机制

计划里有很多行动方案（D）需要去做，所以最好采用专人专项的项目管理方式。最重要的事情肯定是公司和各部门各自的十件要事，它们以全年的工作重点为据点纵横交错地构建起公司的核心资源、信息交互流通的网络矩阵，这么重要的事项当然值得立项管理，指派专人一条龙负责到底。公司的 OGSM 要落地执行，不能只有部分管理者参与，全体员工的身体力行是必不可少的，所以要给员工赋能、引导其输出对准战略的个人目标计划。

关于检查（C）和处理（A），就是要建立自动运转的报表机制和会议机制，及时就重要信息进行书面或面对面的沟通，在必要时进行纠偏、调整。启用"三报三会"，让计划随时更新，与市场和组织内部的最新动向保持一致，从而顺利地进入下一个 PDCA，往复循环，提升效率。

由此可见，要让战略落地，要采取对应 PDCA 的四个关键行动：

- 成立年度规划 OGSM 落地项目组；
- 确定公司和各部门各自的十件要事，立项管理；
- 全员个人目标计划：赋能及输出时间表；
- 启用"三报三会"。

这些关键行动让每个环节都有抓手，而且，实施这些抓手动作的过程，就是建立业务管理闭环机制的过程，战略由此便可以在计划、执行、检查、处理中动态落地。

## 7.2.1　成立年度规划OGSM落地项目组

战略是抽象的，要使其落地靠的是具体的行动。具体行动在哪里？在各层级的年度规划一页纸中。一页纸的 8 个要素是"OGSM+ 动人天成"，其中 OGSM 起到了承上启下的作用，其实现要以"行动"为抓手，并且离不开"人"，因此，需要成立年度规划 OGSM 落地项目组，进行专人专项管理。

按项目管理的组织结构来看，年度规划 OGSM 落地项目组（下面简称 OGSM 项目组）应该包括项目委员会、项目经理、项目组成员、关键干系人，这些角色的定义、人员来源、职责各不相同，如表 7-5 所示。

表 7-5　年度规划 OGSM 落地项目组织结构

| 角色 | 定义 | 人员来源 | 职责 |
| --- | --- | --- | --- |
| 项目委员会 | 项目发起人、支持者 | CEO、战略委员会、事业部 / 部门负责人 | 1. 发起整体 OGSM 项目，审批项目经理的提案<br>2. 指定项目经理<br>3. 给予项目经理相应的各项支持 |

（续）

| 角色 | 定义 | 人员来源 | 职责 |
|---|---|---|---|
| 项目经理 | 全权负责该项目的经理 | 战略委员会核心成员、HR负责人或总经理助理（业务类，非行政类） | 作为OGSM项目落地一条龙的经理，负责规划设计、组织实施、定期向委员会汇报、提出推进项目的各项提案 |
| 项目组成员 | 参加定期项目会议并承担一定工作的人 | 每个事业部/部门指定一位资深管理人员作为本团队的唯一对接人 | 1. 按达成共识后的要求完成相关的项目组分工任务（如表格设计、信息共享平台、沟通反馈机制等）<br>2. 连接公司项目组及本团队，包括对本团队的培训、上传下达项目任务，并推进实施，跟踪执行情况，定期参加项目会议 |
| 关键干系人 | 不直接参与项目组，但能够影响项目开展或需要知晓项目进度的人员 | 每个子团队的负责人 | 接受本团队对接人布置的项目任务，推动子团队按时执行 |

在这里，我要特别介绍一下OGSM项目经理，他是OGSM项目组的专项负责人，但不需要专职，由本职工作与战略紧密相关、管理经验丰富、对OGSM有深刻认识、熟悉业务的人兼任即可，通常从战略委员会核心成员、HR负责人或总经理助理（业务类，非行政类）中选出。他直接向OGSM项目委员会汇报，负责统筹制订和编制公司的年度规划和执行的重要行动时间表，并推进其实施到位。

### 建议练习

"公司年度规划OGSM落地行动时间表"如表7-6所示，选择你准备进行的行动，填写"计划日期"一列，就可快速输出你的落地计划。

表 7-6 公司年度规划 OGSM 落地行动时间表

| 序号 | 重要行动 | 说明 | 主导者 | 计划日期 | 进度跟踪 |
|---|---|---|---|---|---|
| 1 | 业务部子团队骨干自下而上计算和汇总基础目标 | 子团队骨干：直接负责销售的主管，并非所有主管（如渠道/平台/区域主管参加，但设计、客服主管不用参加） | 子团队负责人 | | |
| 2 | 业务负责人初步估量新抓手，并根据子团队骨干的初稿汇总，形成基础目标提案 | 业务负责人已经知道公司级新品、新渠道方向，但还未到向下沟通的时候 | 业务负责人 | | |
| 3 | 业务负责人提交目标提案（业务部年度规划一页纸和基础目标）供项目委员会参考 | 建议加上预算原则和激励方向的提案，牵引各部门计划达成共识 | 业务负责人 | | |
| 4 | 会议1：战略解码共创会 | 管理团队共创输出公司年度规划一页纸，确定战略定位和挑战目标，参考业务部提案，给出基础目标初稿 | 管理团队 | | |
| 5 | 会议2：全面预算启动会 | 正式启动全面预算项目，通达任务，明确分工和关键里程碑及交付物等 | 该会议的项目经理 | | |
| 6 | 会议3：目标评审会 | 正式评审和批准各部门的年度目标终稿，对齐公司及各部门各自的十件要事，拉通跨部门策略重点认知 | 该会议的项目经理 | | |
| 7 | 会议4：部门预算启动会 | 通达预算任务，赋能找问题点和机会点，明确分工和行动计划 | 子团队负责人 | | |
| 8 | 定性寻找问题点和机会点 | 人人参与，选出优先项，分别沟通，提需求，找解 | 子团队负责人 | | |
| 9 | 定量聚焦重点策略抓手 | 构建策略抓手货架 | 子团队负责人 | | |
| 10 | 根据可行性确定策略抓手选择 | 构建策略抓手货架 | 子团队负责人 | | |
| 11 | 抓手充足性检查 | 构建策略抓手货架 | 子团队负责人 | | |

（续）

| 序号 | 重要行动 | 说明 | 主导者 | 计划日期 | 进度跟踪 |
|---|---|---|---|---|---|
| 12 | 业务子团队对照公司目标期望，继续寻找更多增量点，补足差距 | 对准目标找解法：如何才能做到 | 子团队负责人 | | |
| 13 | 业务子团队输出子团队一页纸、费用预算计划 | 目标、策略层层传递，子团队做出提案，申请资源 | 子团队负责人 | | |
| 14 | 全面预算资源评审会：根据抓手确定资源分配 | 官方确定资源（包括钱、人等）分配 | 管理团队 | | |
| 15 | 会议5：目标策略通达会 | 正式通达 | 该会议的项目经理 | | |
| 16 | 各层级报表跟踪、通达机制的颁布 | 启动"三报"检查机制 | OGSM项目经理 | | |
| 17 | 会议6：复盘会 | 启动"三会"复盘机制 | OGSM项目经理 | | |

## 7.2.2 确定公司和各部门各自的十件要事，立项管理

确定公司和各部门各自的十件要事的实操技巧在前面已经阐述过，在此不再赘述。要事确定后，每一项都应该单独立项，指派专人进行项目管理。项目管理是一门专业的课程，不同的老师会分享各种不同颗粒度、不同深度的方法论和工具。在这里，我特别提醒一点：鉴于十件要事对企业的重要性，在早期概念形成期就应该针对项目的范围、质量、成本、时间、重要资源等达成共识，避免方向性错误。所以，我建议任命项目经理（在年度规划一页纸共创时就任命），由项目经理主导编制立项书（也被称为项目任务书），成立项目组，并提交给项目委员会批准。

立项书的作用是批准和发布项目，它的编制完成和获得批准标志着项目的正式启动，意味着项目经理获得了在项目活动中使用组织资源的权利。我提炼简化的立项书模板非常适用于中小型企业，如表7-7所示。

表7-7 立项书模板

| ×× 项目立项书 ||||
| --- | --- | --- | --- |
| 一、目的（格式：提升/降低/满足……从而带来……利益或可避免……损失） ||||
| 二、背景（填写项目启动的现状或原因，如经营需要、市场机会、高层发起等） ||||
| 三、目标（根据新SMART原则确定项目的成功标准，填写具象化的结果） ||||
| 四、主要工作范围（填写项目执行过程中的主要工作模块或维度） ||||
| 五、关键里程碑（项目的重要事件节点，将关键任务的完成点设为里程碑） ||||
| 六、项目成员（人） ||||
| 定义 | 部门 | 岗位 | 姓名 |
| 项目委员会 | 项目发起人、支持者 | | | |
| 项目经理 | 全权负责该项目的经理 | | | |
| 项目组成员 | 参加定期项目会议并承担一定工作的人 | | | |
| 关键干系人 | 不直接参与项目组，但能够影响项目开展或需要知晓项目进度的人员 | | | |
| 七、总体预算（钱）（填写实施项目所需的费用类别和金额） ||||
| 八、需要的支持（物、流程）（明确需要哪些资源支持，需要用多久） ||||
| 九、风险及预案<br>1.风险（填写可能影响项目成功的因素，提醒注意）<br>2.预案（针对重要风险提出备选解决方案） ||||
| 十、项目监控点（填写复盘、调整机制） ||||
| 申请人：　　　　　批准人：<br>日期：　　　　　　日期： ||||

注：项目委员会行的"定义"列为"项目发起人、支持者"。

> **建议练习**

请为你们团队计划中的一个项目编制立项书,并提交给项目委员会批准。

## 7.2.3 全员个人目标计划:赋能及输出时间表

公司运营中必须关注的一个核心话题是,如何将战略落实到每个人身上。战略实施的真正落地,需要每个人的行动都与战略相关。

在上一节里,我介绍了用"一页纸模板+5句话"来引导员工输出个人目标计划的方法,方法虽然简单,却让"人人有计划"成为可能。战略只有从公司年度规划一页纸层层通达、裂变成部门、子团队乃至每位员工的计划,才算真正贯穿到底,才能被每一个人执行。不过,员工的背景、认知、经验不同,导致每个人做计划的水平不同,因此,有了统一的工具与方法,还需要有统筹安排、步调一致的培训赋能,直到输出各级团队和全员个人目标计划的落地时间表。各级团队及个人年度规划一页纸落地时间表,如表7-8所示,供大家参考。

表7-8 各级团队及个人年度规划一页纸落地时间表

| 内容 | 行动 | 负责人 | 完成时间 |
| --- | --- | --- | --- |
| 公司年度规划一页纸 | 输出终稿 | CEO | |
| | 完成第1次月度复盘 | CEO | |
| 培训赋能:年度规划一页纸的制订和落地计划 | 输出培训材料 | 培训负责人 | |
| | 完成对各部门OGSM项目对接人的培训 | 培训负责人 | |
| | 确定各部门分场培训的计划时间表 | 培训负责人 | |
| | 完成各部门分场培训 | 各部门OGSM项目对接人 | |

（续）

| 内容 | 行动 | 负责人 | 完成时间 |
|---|---|---|---|
| 建立各级信息分享平台 | 建立分部门、分子团队的一页纸同步可视的公共盘，分设权限 | 各部门 OGSM 项目对接人 | |
| 各部门年度规划一页纸 | 输出终稿，上传本级公共盘 | 部门负责人 | |
| | 完成第 1 次月度复盘 | 部门负责人 | |
| 子团队年度规划一页纸 | 输出终稿，上传本级公共盘 | 子团队负责人 | |
| | 完成第 1 次月度复盘 | 子团队负责人 | |
| 个人年度规划一页纸 | 输出终稿，上传本级公共盘 | 每个人 | |
| | 完成第 1 次月度复盘 | 每个人 | |

这个任务也是 OGSM 项目经理的待办清单之一，其中有些环节可以委派给培训负责人，比如 HR 负责人。

总的来说，坚持使用一页纸这个简单的工具打通各层级，就能统一方向、化繁为简、化虚为实。简单工具简单学，简单工具人人用，是战略落地的关键。

### 建议练习

请借鉴表 7-8，梳理出你们公司的年度或季度规划的落地时间表。即使不一定使用一页纸工具，但各级承接上级期望，输出本级的具体计划，确保计划的可视性，还是非常有必要的。

## 7.2.4 启用"三报三会"

任何人都不能做到写一份计划用一整年而不需调整。市场会发生变化，竞争对手会发生变化，组织结构会发生变化，组织里的人员也会发生变化，因此，计划也要根据形势和实际情况不断调整。那么，什么时候应该调整？谁来提议调整？根据什么来提议？在什么场合、以什么形式决定调整？这些问题涉及企业运营、战略管理的检查（C）和处理（A）部分，需要用关键报表来跟踪检查，用正式的定期会议来不断复盘，及时调整并沉淀标准。

关键报表指的是销售日报、各级记分卡、项目进度表，简称"三报"；正式的定期会议指的是部门会议、跨部门会议、管理层会议，简称"三会"。我建议企业启用"三报三会"，用"三报跟踪"和"三会复盘"这些统一的报表和会议机制来检查、复盘战略的执行情况，从而完成管理的闭环、调整、迭代。

如你所见，本书一直主张用统一的方法论——OGSM来贯穿整个战略落地体系，并一再强调统一工具的使用，比如"落地一页纸"、记分卡等，因为在一个企业里使用统一的工具、统一的语言进行沟通，沟通和协作的效率能大幅度提升，执行也能更加到位。而报表是沟通时最重要的数据基础，会议是正式的沟通及决策场景，同样需要做到统一、步调一致。

下一节，我将对"三报跟踪"进行详细阐述。

## 7.3 "三报跟踪"

一家公司通常会有各种各样的报表。从类型来分，有财务报表、产品研发报表、营销报表等；从范围来分，公司、部门、子团队等各层级都有自己的报表；从细度来分，有汇总后的经营结果报表，也有对某一个重要指标进行深入拆解的过程分析报表。管理者不可能把全部表格都看一遍，这既会耗费大量的时间精力，也没有必要。那么，在如此繁多的报表中，核心管理者最应该关注的报表是哪些呢？

我建议总经理、事业部负责人、部门负责人做好"三报跟踪",也就是重点关注三种报表——销售日报、各级记分卡、项目进度表。如果每天、每月、每时的衡量指标和重要行动的动态情况都在你的视野内,它们也就在你的掌控中了。

**1. 销售日报**

销售日报可以提供每天、当月至今的动态销售情况,使各部门(包括销售部和与之紧密合作的部门,如供应链部门、市场部、财务部等)能够及时了解最新进度,帮助各部门以最快的速度敏捷调整后续的计划。

诚然,不同行业、不同企业、不同部门都有不同的衡量指标项,但销售(或收入)情况是体现企业每日运营是否正常、趋势是否健康的最及时、最客观的晴雨表。销售日报模板和示例,如表 7-9 所示,供你参考。这个简单实用的表格包含了很多核心指标。

表 7-9 销售日报模板和示例

| 日期 | 4/27 | 当月累计销售额(元) | | | | 当月累计销量(箱) | | | 当天销售 | |
|---|---|---|---|---|---|---|---|---|---|---|
| 时间进度 | 90% | 当月目标 | 至今完成 | 完成率 | 销售占比 | 当月目标 | 至今完成 | 完成率 | 销售额(元) | 销量(箱) |
| 汇总 | | 300 000 | 250 000 | 83% | | 600 | 521 | 87% | | |
| 品牌 A | | 100 000 | 80 000 | 80% | 32% | 167 | 133 | 80% | 2 963 | 51 |
| | 单品 A1 | 50 000 | 46 000 | 92% | 18% | 83 | 79 | 95% | 1 704 | 3 |
| | 单品 A2 | | | | | | | | | |
| | 单品 A3 | | | | | | | | | |
| 品牌 B | | | | | | | | | | |
| | 单品 B1 | | | | | | | | | |

（续）

| 日期 | 4/27 | | 当月累计销售额（元） | | | | 当月累计销量（箱） | | | 当天销售 | |
|---|---|---|---|---|---|---|---|---|---|---|---|
| 时间进度 | 90% | | 当月目标 | 至今完成 | 完成率 | 销售占比 | 当月目标 | 至今完成 | 完成率 | 销售额（元） | 销量（箱） |
| | 单品 B2 | | | | | | | | | | |
| 渠道 1 | 阿里系 | | | | | | | | | | |
| | 旗舰店 | | | | | | | | | | |
| | 淘宝 | | | | | | | | | | |
| | 专卖店 | | | | | | | | | | |
| 渠道 2 | 京东系 | | | | | | | | | | |
| | 京东自营 | | | | | | | | | | |
| | 京东 pop | | | | | | | | | | |
| 渠道 3 | 线下渠道 | | | | | | | | | | |
| | 餐饮 | | | | | | | | | | |
| | 超市 | | | | | | | | | | |

横向来看，在销售日报中，指标被分为 3 部分——当月累计销售额、当月累计销量、当天销售。其中，"当月目标"和"至今完成"的销售额和销量都是绝对值，而"完成率"则体现了至今完成进度的相对值。将完成率与时间进度对比来看，就能知道目标进度是否落后于时间进度，如果是，则应及时采取调整措施。比如，案例中的当月累计销售额在 4 月 27 日的完成率是 83%，而时间进度已过去了 90%（一个月有 30 天，已过去了 27 天），由此管理者会发现当前的销售情况有些滞后，如果再进一步比对去年 4 月的同比和前一个月的环比的每天销售节奏，发现这个状态不正常，那么接下来就要讨论调整措施，必要时可能要加

大营销力度。

纵向来看，数据被分为品牌、渠道两大维度，品牌下面又细分为各个单品（还可以增加产品系列等），渠道下面又细分为各个客户群/业态（还可以增加分区域等）。这是因为，从产品和销售平台的维度进行分类，更容易使企业内部的相关团队快速获取到自己所需要的数据和生意状况，比如产品部、研发部、品牌部、市场部、采购部更关注各产品的进度，销售部、客服部、物流部更关注分客户、分业态的进度。分类汇总的销售日报，让各个部门都能对自己所关注维度的情况一目了然。

另外，如果需要更多的信息进行进一步分析，还可以在同一个表格中加上"当月累计"和"当天销售"的数据。

### 建议练习

请将你们公司正在用的销售日报与表7-9的销售日报模板对比，查缺补漏，按需调整。

#### 2. 各级记分卡

记分卡使结果指标的阶段进度有了可视性（如月度、某年至今），能帮助监控本级团队运转的健康度。在第4章和第6章我们已经详细介绍过公司记分卡和部门记分卡（包括子团队记分卡），这里不再赘述。

#### 3. 项目进度表

项目进度表能展示多人协作项目的分模块、分动作的进展。项目成员在有序统筹的共享看板上随时编辑、更新各自的行动，使项目进度实现了实时可视化。通过项目进度表，所有项目成员都能灵活掌握实时的全局动态，保持步调协同一致。

有效的管理者不应该追求成为全能领导，而应该着眼于全局。但现实情况却往往是相反的：很多创业公司的高管们不但看不到全局，还经常不得不代下属员工做某些细致、琐碎的任务。之所以出现这种情况，原因有很多：可能是因为员工能力有限，不能理解到位；可能是因为上级没讲清楚，觉得花那么多时间去解释还不如自己做效率高；也可能是因为管理者没有掌握能帮助他看到全局、拉通协调的方法和工具，只能先把当前最紧急的问题解决了再说，也就是所谓的"一叶障目，不见泰山"。但在解决当前的紧急问题时，往往会"拔出萝卜带出泥"，使一些连带的问题浮现出来，这时，管理者就会陷入两难境地：继续亲力亲为，时间、精力都不允许，想放手不管，又无人分忧。

企业管理有一个共识——管理者需要"抓大、放小"，我则提倡有效的管理者需要更进一步地"抓大、放小、管细"。因为不抓细节，事情就无法落地。但"管细"并不是让管理者事必躬亲，而是要构建起"管细"的通道，让管理者能及时了解到各种细节。比如，如果管理者想了解某个重要事项的进度，通过这个通道就能知道信息在哪里、谁能回答。项目进度表和专人专项就是这样的"管细"的通道，这些工具和方法能使左右为难的管理者走出困境。

在第 4 章中，我已经介绍过专人专项的管理技巧，在此不再赘述。那么，项目进度表应该是什么样的呢？我通过多年的实践，总结提炼出了一个精简版项目进度表，非常适合创业公司使用。它既能用来梳理、监控项目的进度，又能帮助公司形成标准流程、沉淀知识，还能连续培养、复制人才。

我们继续以佳美公司为例，来看看项目进度表的使用方法，如表 7-10 所示。

表 7-10 "双十二大促活动"项目进度表案例

执行日期：12 月 12 日(N)

| 阶段 | 任务（工作内容） | 时间点<br>(N-/+) | 完成日期 | 部门 | 负责人<br>（岗位+姓名） | 相关文件 | 执行跟踪 | 现状简述 |
|---|---|---|---|---|---|---|---|---|
| 准备期 | 活动目标拆解（拆解到日，分店铺、分单品） | -20 | 11/22 | 天猫运营部门 | 运营经理李明 | 活动目标拆解表 | 绿色 | |
| | 大促店铺营销方案 | -20 | 11/22 | 天猫运营部门 | | 店铺营销方案 | 绿色 | |
| | 活动主图、详情页、店铺页面策划稿 | -14 | 11/28 | 策划组 | | 确认版策划稿 | 黄色 | |
| | 淘宝群+微淘玩法 | -15 | 11/27 | 策划组 | | 具体玩法方案及细节 | 红色 | |
| | 产品主图&详情页初稿 | -7 | 12/5 | 设计组 | | 产品主图&详情页 | | |
| | 大促期间客服排班 | -13 | 11/29 | 客服组 | | 客服排班表 | | |
| | 分产品站外推广投放计划 | -15 | 11/27 | 市场部 | | 投放计划 | | |
| | 仓库发货峰值人手安排/预包计划 | -10 | 12/2 | 仓库部门 | | 峰值应对计划 | | |
| | 订单处理系统压力测试 | -10 | 12/2 | IT 部门 | | 问题排查&风险预案 | | |
| 预售期 | 页面上线时间提前通知客服 | -9 | 12/3 | 天猫运营部门 | | 页面上线时间点 | | |
| | 店铺预售页面上线 | -7 | 12/5 | 设计组 | | 店铺首页设计图 | | |
| | 专属客服老客唤醒 | -5 | 12/7 | 客服组 | | | | |

（续）

执行日期：12月12日（N）

| 阶段 | 任务（工作内容） | 时间点 (N-/+) | 完成日期 | 部门 | 负责人（岗位+姓名） | 相关文件 | 执行跟踪 | 现状简述 |
|---|---|---|---|---|---|---|---|---|
| 预热期 | 店铺预热页面上线 | -4 | 12/8 | 设计组 | | 分人群店铺首页设计图 | | |
| | 预热产品主图&详情页上线 | -4 | 12/8 | 天猫运营部门 | | 产品主图&详情页 | | |
| | 分产品站外投放启动 | -4 | 12/8 | 市场部 | | 投放效果报表 | | |
| | 公众号推文发布 | -4 | 12/8 | 品牌部 | | 效果数据报表 | | |
| 爆发期 | 全店爆发销售 | 0 | 12/12 | 天猫运营部门 | | | | |
| | 店小蜜&客服大促接待模式 | 0 | 12/12 | 客服组 | | | | |
| | 仓库发货 | 0 | 12/12 | 仓库部门 | | | | |
| 售后期 | 人工客服催评 | +7 | 12/19 | 客服组 | | | | |
| | 售后工作承接 | +1 | 12/13 | 客服组 | | | | |
| | 数据收集&复盘 | +2 | 12/14 | 天猫运营部门 | | | | |

对电商公司来说，每年都有几个S级的大促窗口——"双十一""双十二""女王节""618"，这些节点都是非常重要的营销时机，不容有失。佳美公司的主营产品家用美容仪在这4大节点的销售额在全年的占比高达30%。但之前多次发生跨部门信息传达不及时、行动误时误事的状况，使大促的效果受到极大的影响。总经理朱总找到我，希望我对他们进行指导，使这一年的"双十二"大促有序进行。在我的辅导下，佳美公司专门设立"双十二大促活动"专项项目组，并委派天猫平台的运营经理李明为项目经理，统筹安排跨部门分工。

李明和核心成员在经过充分讨论后，撰写出了项目进度表的初稿，并在项目管理中不断调整完善。

在佳美公司的项目进度表中，执行日期是确定的——12月12日，项目管控阶段分为准备期、预售期、预热期、爆发期和售后期，每一个时期都列出了详细的任务（工作内容）、负责人、完成日期、执行跟踪等，与"动人天成"相对应，这是关键的落地元素。

以第一条为例，准备期的第一个任务是把活动目标拆解到日、分店铺、分单品，完成的时间点是N-20，其中，"N"指的是执行日期12月12日，而"-20"指的是在"双十二"活动当天倒推20天前要完成活动目标拆解。负责部门是天猫运营部门，负责人是运营经理李明，要输出的文件是活动目标拆解表。并且，要在"执行跟踪"这列上面标注红、黄、绿等进度颜色，如果标注的颜色是红色，就说明执行有问题，要提前预警。在"现状简述"这列应写明情况，帮助其他项目成员了解最新进度，及时调整行动。

当这张表格在项目公共盘上共享、同步可视后，它就成了跨部门协作的统筹表。其实，每次S级大促活动都不只是运营部的事情，需要运营部、设计部、客服部门、市场部、IT部门、仓库部门等很多部门的协同、配合，各个部门的行动是环环相扣、彼此承接的。而项目进度表可以有效地展示项目的全局和细节，提升协同的效率。

**这份表其实也是公司的S级大促活动的管理标准**。在完成"双十二"大促的运营后，项目经理将所有文件整理好并留存在项目公共盘中，接下来的大促活动（比如"双十一""618"等）就可以使用这个标准和模板，以及全套的管理文件，再根据具体情况进行微调即可。

**这份表还可以帮助公司复制人才。**第一次"双十二"大促时，佳美公司委派运营经理李明担任项目经理，他领导项目组顺利完成了这个项目并输出了标准。有了标准、模板和全套文件，下一次的"618"大促活动就可以指派一个运营专员来当项目经理，即使他资历相对较浅，但有标准，有实时可视的看板，有定期的项目组会议，也不会偏离方向。一年有多场大促活动，由专人专项负责，就能培养出好几个能统筹公司级项目的人才出来。员工也会因此感受到公司的信任，更加珍惜在如此重要的业务场景中能获得这么难得的实战锻炼机会，不断提升自己综合能力，从而为公司创造更大的价值。

> **建议练习**

请借鉴上面的项目进度表的格式和案例，对你们团队准备要开展的一个项目进行管理，并指派专人为项目经理。高级管理者只负责赋能、辅导，项目经理负责带领项目组，主导完成项目。

## 7.4 会议6：复盘会

很多创业公司没有固定的、完善的会议机制，尤其是发展速度特别快的公司。这些公司虽然也有例行的团队周会、月会，但这些会议大多是关于本团队事项的内部会议，在横向上并未拉通跨部门协同，在纵向上也不能及时将问题上传下达，寻求支援。公司内常见的场景是临时开会：老板突然火急火燎或愁眉深锁地把一些人叫进会议室，针对某个问题紧急商量对策。这不仅打乱了大家的工作节奏,还常常因为准备不足导致会议效果不佳。

2020年突如其来的新冠疫情又给这些公司带来了新的难题。疫情期间,受到影响的公司只能线上办公、远程管理。这些以前没有建立起完善的会议机制和固定沟通渠道的公司,在转为线上办公后往往会出现管理失灵的情况,而越是状况百出,越需要进行大量的紧急沟通。如此一来,管理者经常需要一整天坐在电脑前开各种各样的会议。这不仅耗时耗力,还会使管理者产生一种深深的无力感,因远程工作的效率低下及其对业务的支撑效果弱而焦虑不已。

实际上,这些问题原本都是可以避免的。如果公司有定期的、联动的各级会议机制,与会者提前做好充足的准备,组织者以有序高效的方式组织并主持会议确保输出成果,公司就能形成自动运转的沟通体系。它能牵引各层级、各部门有效协作,使公司不会深陷于被动沟通、缺失信息、延迟响应的泥沼中。

从战略规划到落地是一个PDCA闭环,"落地一页纸"是P(计划),专人专项是D(执行),"三报跟踪"是C(检查),"三会复盘"是A(处理)。"三会复盘"是通过设定固定的业务场景、固定的时间,让大家对各团队重要指标的阶段性进展和方案执行的进度及时复盘、沟通、调整。

"三会"指的是部门会议、跨部门会议、管理层会议,如图7-3所示,我们将其统称为复盘会。复盘会是"6个会议"中的最后一个会议,但作用同样重要。我建议公司定期召开各种类型的复盘会,尤其是与业务相关的例会,最好至少一个月召开一次,并且与会者要提前想好相关议题的内容，让会议能快速、高效地完成。

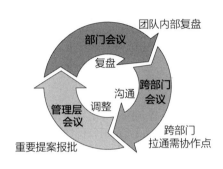

图 7-3　三会复盘

**部门会议是每个部门都应该有的。** 各个部门应通过部门会议定期复盘之前的执行情况，对接下来的计划进行适当的调整，特别是在有重大促销或重要项目的月份。同时，部门会议还应该对需要其他部门配合的需求进行梳理，并由部门负责人将梳理结果带到跨部门会议上与相关部门进行沟通。

**跨部门会议对横向拉通协作发挥着巨大的作用。** 通过跨部门会议，各部门可以定期与合作紧密的兄弟部门沟通，及时讨论需要跨部门协作的行动，推动下一步的协同。

**管理层会议是公司级的重要提案报批的窗口。** 那些在跨部门会议上无法达成一致的事项、需要动用更多公司资源的事项，以及与战略相关的、需要核心管理团队全体同步知悉的重大事项，往往都会在管理层会议上进行讨论、决策，然后再通达到各部门开始执行。最后，部门负责人在部门会议上引导员工对执行情况进行复盘，并及时调整，与其他部门沟通。如此周而往复，各层级、各部门需要聚焦的重要事项就得到了实时关注、及时决策、联动执行，高效及时的纠错能力也就被培养起来了。

大部分公司都有例行的部门会议，下面我着重介绍容易被忽略的管理层会议和跨部门会议该如何开。

**1. 管理层会议**

管理团队要开的会议可以分为管理层主导会议、专项管委会会议、员工沟通大会三种类型，如表 7-11 所示。以下列举了部分重要会议的实操指南，包括频率、议题、主持人或部门以及参与者，供大家参考。

表 7-11 管理层会议实操指南

| 类型 | 会议名 | 频率 | 议题 | 主持人或部门 | 参与者 |
|---|---|---|---|---|---|
| 管理层主导会议 | 长期战略共创会 | 年度 | 公司未来 3 年的愿景、战略目标、策略方向、衡量指标等 | CEO | CEO、管理团队 |
| | 战略解码共创会 | 年度 | 1. 公司年度规划<br>2. 部门年度规划<br>3. 全面预算启动会（共建）<br>4. 公司记分卡（共担）<br>5. 年终奖设计方向（共享） | CEO、财务部 | CEO、管理团队 |
| | 全面预算启动会 | 年度 | 1. 全面预算的目的、分工、执行原则、实施流程等<br>2. 项目经理提供统一的费用预算工具包并讲解赋能 | CEO、财务部 | CEO、管理团队、项目成员 |
| | 目标评审会 | 年度 | 1. 目标评审会的目的、议程、输出的期望<br>2. 各部门负责人分别汇报部门年度规划一页纸<br>3. 跨部门现场反馈和回应<br>4. 决策委员会成员现场反馈、评审部门目标和十件要事 | CEO、财务部 | CEO、管理团队、项目成员 |
| | 管理层例会 | 月度或半月度 | 1. 销售情况更新<br>2. 产品研发进度<br>3. 财务状况更新<br>4. 各部门负责人自己报的议题（需要管理团队知晓并做决定的） | CEO | CEO、管理团队 |

（续）

| 类型 | 会议名 | 频率 | 议题 | 主持人或部门 | 参与者 |
|---|---|---|---|---|---|
| 专项管委会会议 | 产品管委会会议 | 月度或半月度 | 产品策略、新品规划、新产品想法评审、初研评审、样板评审、总体方案评审等 | 产品部 | CEO、管理团队、项目成员 |
| | 营销管委会会议 | 月度 | 1. 销售进展和预测<br>2. 供应链重点回顾<br>3. 市场方案更新等 | 销售部 | 销售部、市场部、供应链部门的负责人、相关主管、项目成员 |
| | 现金流管委会会议 | 月度 | 1. P&L 中的花费和关键绩效指标<br>2. 支出项的展开回顾（包括研发、原材料、生产、渠道费用、应收账款、行政费用等）<br>3. 具体问题的解决方案和责任人 | 财务部 | 主持部门的负责人、相关部门项目成员（由主持部门决定参会人员） |
| | 质量管委会会议 | 月度 | 质量相关的关键绩效指标、项目、问题、解决方案等 | 质量部 | |
| | 组织管委会会议 | 月度 | 组织和员工相关的关键绩效指标、项目、问题、解决方案等 | HR | |
| 员工沟通大会 | 年度目标策略通达会 | 年度 | 回顾上一年成绩，总结经验，通达下一年的目标、策略重点、行动计划、赋能培训等 | CEO、管理团队 | 全体员工 |
| | 年中沟通会 | 年中 | 上半年回顾、下半年关键策略调整或计划 | CEO、管理团队 | 全体员工 |

管理层主导会议包括长期战略共创会、战略解码共创会、全面预算启动会、目标评审会、管理层例会 5 种会议。前 4 种会议是关于公司定位、目标、策略以及匹配资源的公司战略级别的会议，为全体员工指明方向；管理层例会是月度或半月度会议，在管理层例会上，公司的核心管理团队会针对战略的定期纠偏、计划的及时调整进行正式讨论、决策。

专项管委会会议指的是专项管委会召开的各种会议。专项管委会通常是企业中某一专业范畴的虚拟组织，由各相关部门的项目成员组成，由主持的部门负责人担任负责人。参加某一专项管委会的相关部门，在实际工作中往往关系密切、方向一致、彼此的关键绩效指标互相关联，需要紧密配合、及时沟通。比如，产品管委会由产品部门负责人牵头，由相关的各部门（如研发部、财务部、市场部、销售部等）的负责人和相关项目成员（包括部门指定的专项负责人）组成。产品管委会会议通常定期举行，比如每月一次，在会议上，各个部门会分享、探讨产品策略、新品规划，对新产品研发的各个阶段进行评审。即使没有这个定期的会议，这些部门的这些人也要经常聚在一起讨论这些议题。与其让大家分别找人开不同的会，不如定期、集中、同步进行沟通，这样更加高效。

员工沟通大会主要是指年度目标策略通达会，至少一年一次，也可以在年中再举行一次年中沟通会，它能起到统一方向、统一赋能、强化凝聚力的作用。第 6 章已经详细介绍过了，在此不再赘述。

我建议管理者在一张年历表上标注出这些管理层会议的具体日期、议题等，形成公司的会议年历，并将其通达给各层级、各部门，它会对部门和子团队的会议机制和重点行动起到指引作用。对管理层会议的安排了如指掌，各层级才能有条不紊地、自发地提前准备，而且各层级不仅会准备资料和数据，还会更早地进行跨部门、跨团队的协调沟通，以便在这么重要的会议上能提供最新的、相关合作人员商量过的信息，而不会出现像前面所说的在临时会议上常见的数据不全或一问三不知的低效状况。

### 建议练习

请参考以上的会议机制构建方法和表格，打造你们公司或部门的重要会议年历、半年历或月历。

## 2. 跨部门会议

跨部门会议也需要定期召开，这是合作关系紧密的各团队成员定期沟通的窗口。

战略的落地需要以业务为抓手的全员联动，接下来，我以业务部为例介绍跨部门会议机制是如何构建的。我建议业务部一定要开3个重要的跨部门月会，即市场部-销售部月会、财务部-营销部月会、需求评审会，因为它们分别与活动、钱、货相关。业务部负责人应牢牢抓住这3个业务抓手，确保营销活动有效、费用及时到位、货物供应充足，这样才能为目标的达成提供强有力的保障。

下面是3个重要的跨部门会议的操作指引，如表7-12所示。

表7-12 业务部必开的3个重要跨部门月会指引

| 会议类型 | 目的 | 议题 | 时间 | 主导部门 | 参与人员 | 文件 |
|---|---|---|---|---|---|---|
| 市场部-销售部月会 | 对产品或活动计划进行同步，配合各渠道需求输出紧密衔接的营销节奏 | 1. 更新市场活动年历、产品信息表、新品上市计划和首单建议（市场部）<br>2. 回顾上月需跟进事项的进展，分享滚动的未来3个月的市场计划(有明细)（市场部）<br>3. 渠道或重要客户分享（销售部）<br>　3.1 回顾各渠道的上月达成、市场活动结果，并提出建议<br>　3.2 分享滚动的未来3个月的渠道或重要客户的促销窗口及运营计划<br>　3.3 需要市场部支持的部分<br>4. 开放性议题（包括主题、需要时长） | 每月第1周 | 销售部 | 市场部、销售部主管级以上人员 | 1. 市场活动年历<br>2. 产品信息表<br>3. 渠道运营计划 |

（续）

| 会议类型 | 目的 | 议题 | 时间 | 主导部门 | 参与人员 | 文件 |
|---|---|---|---|---|---|---|
| 财务部–营销部月会 | 回顾部门月度费用使用、效率，安排下一步 | 1. 回顾上月费用使用情况，指出问题点或异常点（财务部）<br>2. 沟通未来一个月的预算计划（销售部）<br>3. 新增量计划提案（销售部） | 每月第2周 | 财务部 | 销售部、市场部、财务部负责人、相关主管 | 1. 部门费用月报<br>2. 下月预算计划 |
| 需求评审会 | 讨论滚动的未来6个月的需求计划，并确定下一个月的需求明细 | 1. 上月回顾：预测准确率回顾、操作中的问题和改善建议（计划部）<br>2. 滚动需求讨论和确定：<br>2.1 讨论下个月分渠道或分客户的预测需求（计划部给出调整意见）<br>2.2 汇总并确认下个月的需求明细（分渠道、分产品、分单品）<br>2.3 沟通滚动的未来6个月的需求计划<br>3. 开放性议题（包括主题、需要时长） | 每月第3周 | 计划部 | 销售部、市场部、财务部、计划部负责人、相关主管 | 下月需求明细表 |

### 建议练习

请参考以上的跨部门会议案例和表格，对你们部门的重要跨部门会议进行梳理，包括议题、时间、参与人员等。现在就和相关部门商定，并开始定期沟通吧。

第 4 部分

# 激活组织篇

OGSM
VIABLE
STRATEGY

通盘无妙手,日常定成败

OGSM
VIABLE
STRATEGY

第 8 章

# OGSM贯穿战略到个人，助力企业文化落地

## 8.1 有效激励机制：与OGSM挂钩的个人绩效方案

管仲是我国古代著名的政治家、军事家，在我看来，他更是一名管理学大师。他在《管子·立政》里写道："事将为，其赏罚之数必先明之。"意思是，准备做什么事情前，必须先明示奖惩条件，讲清楚办好了如何奖赏，办坏了怎样惩罚。这是一条顺应人性的管理之道，因为人有"趋利避害"的天性，告诉其利弊，自然就能牵引他的行动。

因此，管理中的一条重要原则是事先应制定明确的赏罚标准。这个"赏罚标准"，在企业中最重要、最直白的表述方式是"是否达成目标"。具体来说，就是在目标管理的整个过程中都以结果为导向，以结果来牵引人的行动。

德鲁克在《管理的实践》一书中提出了"目标管理和自我控制的主张"，他认为，企业的目的和任务必须转化为目标，企业如果没有总目

标及与总目标相一致的分目标，来指导员工的生产和管理活动的话，则企业规模越大，人员越多，发生内耗和浪费的可能性越大。

通过使用 OGSM 这个目标管理"神器"，企业的每个层级、每个团队、每名员工都拥有了各自的目标，但是，只有大家真正做到时刻关注目标，围绕着目标去行动，达到齿轮相扣般的高效协同，才能创造最大的价值。所以，管理者不仅要用记分卡跟踪 OGSM 的执行过程，还要把 OGSM 与绩效考核挂钩，让员工的个人利益与他为组织创造的价值密切相关，让 OGSM 成为有效激励机制的引擎。

是否与考核挂钩，也是 OGSM 和 OKR 的一个重要区别。OKR 强调的是"绝不考核"，但会通过 OKR 评分、复盘来获得各方的明确反馈，其目的在于促进绩效改善。在我看来，这是因为 OKR 希望更多地激发员工的热情去创新、去探索，使他们勇于面对更高的挑战并做出突破。OGSM 则更侧重于战略落地以及全员执行力的提升，因此，它不仅希望激发员工热情、对齐协同目标，还提倡用相应的制度和利益驱使员工把意愿变成真正的行动，并使员工勇于承担责任。

一说到激励机制，很多人的脑海里就会浮现出一个字——钱。其实，员工不仅有物质需求，还有精神满足、自我实现等多方面的需求，所以，激励机制应该是多元的，至少应包括 4 个方面：

- 有效的薪酬激励制度
- 良好的职业发展路径
- 高效的团队协作环境
- 内化于心的企业文化

关于以上 4 点，市面上已经有很多相关的著作、课程，本书就不一一展开了。在这里，我分享一些制订个人绩效激励方案的实操技巧和设计原则，这些技巧和原则都是我在实际工作中总结出来的，具有很强的实用性，能有效地帮助管理者将个人绩效方案和 OGSM 挂钩，从而合理科学地实现战略与个人行为的系统性结合。

### 1. 制订个人绩效激励方案的实操技巧

**（1）关键绩效指标可以从 G 和 M 里精选出来**

当每个层级都有了 OGSM"落地一页纸"，不管是考核部门还是个人、不管是长期的年度考核还是短期的月度考核，都有了与战略相关的、备选的各种关键绩效指标项，也就是 OGSM 里的 G 和 M。

OGSM 里的 G 和 M 是每个团队和个人对企业承诺的结果指标和过程指标，其达成与否会影响各运营环节的衔接效率、资源的投入产出，甚至关系到战略的成败。因此，管理者一定要有抓手确保员工全力以赴兑现承诺。在我看来，只有将人性和制度相结合，目标管理才会呈现出飞轮效应。

举个例子，销售部门的组织关键绩效指标里一般都有"销售额"这个指标，而实现途径之一是"打造直播全矩阵销售渠道"，于是，负责直播业务的经理会被考核"直播销售额""MCN 机构成功谈判完成率"，而下一级负责付费直播的专员会被考核"头部主播销售占比""腰部直播场次"，负责门店自播的专员会被考核"门店自播销售额""自播连带购买率"，这些指标项是从各自 OGSM 的 G 和 M 里精选出来的，都瞄准了同一个重点策略的方向，这样一来，这些员工就会被牵引着努力做好自己应承担的那部分工作。站在"合"的立场来"分"，每个人虽然分工不同，实际上却紧密相连，最终都为同一个目标努力，即共同努力完成整个公司的销售目标。目标一脉相承，只考核战略执行的关键节点即可。

（2）聚焦重点：考核的关键绩效指标个数不超过5

OGSM是全面的计划与执行管理工具，一份"落地一页纸"上的目标和衡量指标加起来经常会超过20个。是不是所有的指标项都要考核？不是的，只精选其中非常核心的、有明确目的性的指标进行考核即可。我建议管理者将要考核的关键绩效指标个数尽量控制在5个左右，最多10个。如果按总分100分来设置各项指标的权重，最小权重的关键绩效指标分数不能低于5分，否则会因太分散而使员工对其不再关注。

考核项应包括3种类型——子部门目标共担项、个人岗位责任项、关键项目项，这样能使员工更关心团队整体目标的达成，并能充分体现他们在本职工作上的、在其负责或参与的关键项目上的独特贡献。以5个关键绩效指标为例，3种类型的个数应为"1+3+1"，即1个子部门目标共担项、3个个人岗位责任项和1个关键项目项。

（3）底薪适度，保持团队相对稳定

底薪就是基本工资，是员工获得衣食住行等基本生活保障的固定收入来源。一般来说，高底薪会吸引并留住更多人才，底薪过低则容易带来频繁的人员流失，导致组织不稳。比如有些公司的基层销售代表是零底薪，这导致员工的生存压力很大，对公司没有归属感，一旦难以达标或有更好的机会就会断然离开。根据我的观察，底薪在薪酬中占50%以上的创业公司大多具有很高的稳定性，员工不但能安心工作，还有动力追求更高的目标，因此，这些公司后期的发展都比较好。

## 2. 制订个人绩效激励方案的设计原则

与 OGSM 挂钩的个人绩效激励方案应遵循以下 5 个设计原则。

### （1）以结果为导向的获取分享制

每个岗位存在的意义就在于其对组织的贡献，也就是它创造了什么价值。有效的个人绩效方案更注重能体现终极价值的结果型指标，而不是体现做完了什么事情的过程型指标，强调通过创造价值获取分享价值。也就是说，个人绩效方案是建立在获取分享制基础之上的。

一般来说，有明确可量化指标的团队，比如销售部、生产部、物流部等，能比较容易地找出终极价值指标。而支持性的团队，比如人力资源部、法务部、信息部、战略研究部等，需要花更多的精力去寻找各个岗位的终极价值指标，但这是非常有必要的，因为终极价值指标能让员工更清楚地知道自己工作的价值和意义，从而调整行动重点。

举个例子，在电商公司中，页面设计师的主要工作是画图，其中促销活动的主页设计和活动推广图是占比最多的。很多公司用页面设计师一个月内按时交付了多少张图来对其进行考核，但是这并不足够。画图的目的是引流，好的设计图能带来的终极价值是吸引更多顾客浏览并点击，使其进入线上门店，也就是提高点击率。因此，设计师的考核指标应该是点击率。销售额的计算公式是：流量 × 点击率 × 转化率 × 客单价＝销售额。根据这个公式可以算出页面设计师的工作为公司带来的销量贡献。当设计师的考核指标改为点击率后，他们就会主动地与市场和运营人员沟通，使设计风格和主题更好地配合相应的促销和营销方案，以便提高点击率。

### （2）集体相关：与所在团队的整体价值相关联

每个岗位的考核指标要与所在团队的整体价值相关联，至少要包括一项与组织绩效指标相关的指标，让组织绩效和个人绩效直接挂钩，使个人利益与组织利益休戚与共，这能使他主动关心团队 OGSM 中 G 的达成。

有些企业里出现"富了和尚穷了庙"的现象，原因就在于个人绩效和组织绩效脱节，甚至有人为了个人利益不惜损害他人利益和团队利益。

举个例子。某公司销售部有一个天猫平台主管，还有一个京东平台主管，两者的考核指标都是销售额。之前没有相应的牵引机制，为了完成自己的业绩目标，他们就经常为了争取资源而互相"掐架"。如何让他们关心集体且彼此合作呢？我建议将两位主管的考核指标与销售部的整体完成度挂钩，比如将他们 10% 的年终奖与部门整体销售额目标的完成与否联系在一起。这样一来，为了个人利益的获得，他们会互相关心彼此的进度，必要时甚至会主动帮助对方完成指标，从而促进整个部门的目标达成。

### （3）兼顾业务与管理责任

绩效方案应兼顾业务和管理责任，这是为了兼顾短期目标与长期能力建设，兼顾业绩目标和组织指标。如果只有业绩目标，团队就容易出现短、平、快的行为，有些人甚至为了个人利益不惜伤害品牌，比如不同区域的销售以低价冲高销量，向经销商强压更多的库存。管理责任指的不仅是与选用育留相关的人员培养指标，还包括能牵引员工做出对组织长期建设有益的组织指标，比如考核销售人员的"经销商的库存周转天数"，考核质检人员的"顾客关于产品质量的投诉率"等。

### （4）鼓励增量，拉开差距

在第 5 章中我曾讲过，在制定 OGSM 目标时需设立基础目标和挑战目标，并且两者之间要有牵引手段。这一点体现在薪酬激励上就是根据目标达成情况，给予员工不同系数的、阶梯级的奖金，这样既能鼓励增量，也能拉开不同绩效的员工之间的收入差距。

考核时，可以同时使用两个方法。其一，加权制，超过基础目标 100% 之后加权。比如，员工 100% 完成基础目标，得 100 分；完成基础目标的 120%，得 200 分；完成基础目标的 130%，得 300 分。加权，就是倾斜性地加大权重。其二，设置奖金起算底线。比如，以完成基础目标的 70% 为底线，低于这条线，考核得零分，当前绩效奖金为零。团队因为某些人过低的绩效表现也会有整体不达标的风险。

我们来看一个案例。小张、小李和小王同岗，他们的月度薪酬方案、工资基数、绩效奖金基数都是一样的，但由于绩效得分不同，他们的当月收入大不一样，如表 8-1 所示。

小张的绩效考核得分是 69 分，目标完成度低于 70%，所以奖金为 0，当月收入为 6 000 元。小李完成了基础目标，得分为 100 分，获得奖金 3 000 元，当月收入为 9 000 元。而小王本月绩效非常出色，超额完成基础目标，得分 212，获得奖金 6 360 元，当月收入超过 1.2 万元，相当可观。

表 8-1　个人绩效奖金计算案例

| 员工姓名 | 基本工资（元） | 绩效奖金基数（元） | 得分 | 奖金系数 | 奖金（元） | 当月收入（元） | 备注 |
|---|---|---|---|---|---|---|---|
| 小张 | 6 000 | 3 000 | 69 | 0 | 0 | 6 000 | 完成度低于基础目标的70%，无奖金 |
| 小李 | 6 000 | 3 000 | 100 | 1 | 3 000 | 9 000 | 完成基础目标 |
| 小王 | 6 000 | 3 000 | 212 | 2 | 6 360 | 12 360 | 超额完成基础目标的1.2倍 |

在同样的规则下，小王获得了比小张多一倍的收入，差距如此之大。但这是合情合理的，因为加权制的运用和奖金起算底线的设置在某种程度上是一种对赌，规则是公平透明的，每个员工都可以凭本事赚钱。有效的激励机制应该是鼓励增量、拉开差距的，业绩出色者就应该获得更多的奖励。

（5）可预见、可衡量

设计绩效方案时，应尽量选择能以客观数据来衡量的指标项，而不是过多依靠主观评判的指标项。收入应该与员工达成的客观结果挂钩，不能只靠主管的评价打分。通达绩效方案时，要帮助员工清晰理解指标达成和奖金获得之间的逻辑关系。这样，员工就能明白自己的行为及结果会对收入造成什么样的影响，知道"我的收入我做主"，心中自然会产生一种主人翁精神。当员工知道自己不必靠拍马屁，只要做好本职工作就能拿高薪时，自然会把精力投入到能产出高绩效结果的行动中去。

部门记分卡能客观地跟踪相关团队和个人的绩效考核项的结果，因为记分卡的指标同样来自OGSM的G和M，以及重点行动计划的指标。所以，如果你们公司使用OGSM和"落地一页纸"做计划，用记分卡来监控月度衡量指标的阶段性结果，那么，至少主管级别及以上人员的个人绩效考核指标是可以从中直接选取出来的。

同时，我建议每位管理者定期与自己的直线下属进行一对一面谈，对他们进行绩效辅导，及时修正问题、沉淀经验，频率以至少每月一次为宜。这样，分解后的目标和衡量指标在记分卡上就能被跟踪、用于考核员工，并在上下级的绩效辅导中得到复盘，战略也就被每一名员工主动关注并融入自己的日常工作了。

通过有效的激励机制，OGSM 贯穿了从战略到个人绩效的整个过程，牵引着员工的行为始终对准着层层传递、上下对齐、左右拉通后的战略，从而帮助战略最终落地。

## 8.2 企业文化落地：用OGSM化虚为实，打造自驱协同型组织

战略的落地离不开企业文化对组织的激活，而 OGSM 可以使企业文化化虚为实，打造自驱协同型组织。这主要体现在两点上。

① OGSM 将使命、愿景、价值观变成具体的落地行动。

企业文化是企业发展的动力，它包含着非常丰富的内容，比如使命、愿景、价值观、企业精神、道德规范、行为准则、历史传统、企业制度、文化环境等。其中，使命、愿景、价值观是企业文化的核心。

使命、愿景、价值观的重要性不言而喻，它们是支撑企业战略的根本。核心管理者通常都非常重视使命、愿景、价值观，将它们统称为"企业三需"，企业宣传墙上的标语、企业的口号、开会时的领导致辞等，都在宣扬着它们。然而，大部分普通员工却对其不甚关注，只是人

云亦云，有人甚至私下里戏谑地将其称为"企业三虚"。这是因为，对他们来说企业责任、十年愿景等太过虚无缥缈，他们根本不知道这些与自己有什么关系。

为什么会出现这种情况呢？究其根源，是因为管理者缺乏战略的翻译能力，他们不能用大白话把使命、愿景、价值观讲清楚，也不能将这些高屋建瓴的概念转化为与员工个人直接相关的、中短期的要求和利益，让大家听懂并且知道它们和自己的关系。而OGSM是化虚为实的"神器"，它能用大白话对使命、愿景、价值观进行翻译，能用极强的逻辑将概念转化为具体的落地行动，使员工在日常工作中不知不觉地就以有形的动作践行着使命、愿景、价值观。于是，自然而然地，"企业三虚"就成了"企业三需"了。

你一定想不到，在用大白话和OGSM翻译之后，"企业三需"竟如此简单易懂，如表8-2所示。

表8-2 使命、愿景、价值观的大白话翻译版

| 企业三需 | 大白话翻译 | 和OGSM相关的元素 |
| --- | --- | --- |
| 使命 | 我能让别人得到什么？ | 可具象化为O和G |
| 愿景 | 我自己能得到什么？ | 可具象化为O和G |
| 价值观 | 如何达到以上两个目的？ | 可具象化为S和M，并可进一步推导出落地的关键4要素——"动人天成" |

②推行OGSM战略落地体系的过程是重塑组织文化，推动组织变革的过程。

对企业而言，OGSM战略落地体系不只是一种新的目标管理方法和

业务管理模式，它在重塑组织文化、推动组织变革方面所发挥的作用也不可估量。

企业文化是企业最宝贵的精神财富，没有高下或对错之分。虽然每家企业对企业文化的表述方式都不一样，但其底层逻辑和价值观都是一致的。比如阿里巴巴"六脉神剑"中的"客户第一"、华为的"以客户为中心"、IBM 的"成就客户"、飞利浦的"客户至上"讲的都是对客户的重视与关注，宝洁公司强调的"积极求胜"和耐克公司的"体验竞争、获胜和击败对手的感觉"在本质上都是对赢得市场竞争的追求。不同的表述，体现的是相同的价值观内核。我很赞同李靖老师在《OKR完全实践》中所说的一句话："事实上，优秀的企业与平庸的企业在文化上的差异，并不在于表达的内容和方式，而在于落地的程度。"⊖

推行 OGSM 战略落地体系的过程，也是重塑组织文化、推动组织变革的过程，因为 OGSM 推崇的价值观也是很多企业所追求的，而且这些价值观都有相应的具体行为，并且融入整个战略落地体系的各个环节，如表 8-3 所示。

表 8-3　OGSM 体系之价值观和关联对应的行为元素

| OGSM 推崇的价值观 | 战略落地体系关联的行为 |
| --- | --- |
| 以结果为导向 | 以终为始 |
| 自驱积极，主动担当 | 操之在我，专人专项 |
| 务实严谨 | 说大白话，强调逻辑 |
| 团队协同 | 共创协作：上下对齐，左右拉通 |
| 专业创新 | 找策略抓手之五部曲 |
| 坦诚开放 | 共享可视："落地一页纸"、记分卡、绩效方案 |

⊖ 李靖.OKR 完全实践 [M]. 北京：机械工业出版社，2020：139.

（续）

| OGSM 推崇的价值观 | 战略落地体系关联的行为 |
|---|---|
| 勇于突破 | 设目标之"3赢原则"、挑战目标 |
| 客户至上 | 以业务为抓手，牵引各部门的资源配置和运作 |
| 以人为本 | 全员参与，共担、共建、共享 |

OGSM让企业文化和业务行为得以紧密融合，从启用OGSM开始，企业所希望推行的企业文化就一点一滴地融入各级员工对战略的共创共识、分解通达、执行复盘，与战略同步落地，从而打造出自驱协同型组织。

结 语

# 行动起来，搭建你的战略落地体系

"千里之行，始于足下"，你已经学习了能让战略极简落地的OGSM及一系列工具，现在请行动起来，开始搭建你的战略落地体系。

不必迷茫，也不必焦虑，只要按照本书的内容一步步进行，一切都会水到渠成。在本书的结尾，我送给大家两个"锦囊"。

### 1. 逐个导入，逐步完善

再精简的体系也包含很多内容，如果全套同时导入，必然会给组织现有的思维方式、工作习惯、运作模式带来极大的冲击，很有可能导致推行不力。所以不要心急，请根据你们公司的业务情况、组织现状和需求，选择最急需的工具或步骤，分批逐个导入，逐步完善。

### 2. 先有就好，不断精进

刚开始推行OGSM时有一个常见的现象：高管们终于第一次看到了全公司各层级的OGSM计划，非常高兴，但三秒钟后他们就陷入了焦虑，"这些计划怎么写得这么差？没有逻辑，想得不全面！"，其中最焦虑的往往是总经理。

在这里，我要特别提醒各位：一切都怪你自己太优秀了！优秀的你是不是曾无数次揽下来下属的活，导致他们得不到磨炼和成长的机会？优秀的你是不是习惯了以自己的能力和完成水平作为对他们的要求标准，但这是否现实？

所以，请先为大家第一次完成了 OGSM 计划而感到高兴，也为能看到大家的不足而知道怎样辅导他们改进而高兴！记住：先有就好，正向鼓励；复盘辅导，不断精进。

OGSM 不是一个简单的计划工具，而是一整套的管理系统。从本质上来说，在公司中导入 OGSM 是一种管理变革、组织变革，你会遇到和推动其他变革一样的困难和障碍。从知到行，必然要经历种种磨炼与坎坷，不可能仅靠一次培训、一次实践就全部掌握，正如学游泳要经历无数次呛水，学骑车要经历无数次摔倒一样。但如果因此而退缩放弃，你就永远也享受不到掌握新技能后以加速度在新领域畅行的美妙。所以，最重要的是坚持去推行！

没有天生的领导者，也没有生而伟大的公司，所有个人和组织都需要经过不断学习、不断实践、不断迭代才能成长为他人羡慕的榜样。

最后，我还要送给大家一句话：**刻意练习创造天才，正规训练成就精英**。期待 OGSM 及本书能帮助你和你的团队获得更多的成功，创造更大的价值。

# 附录　精选工具下载清单

| 序号 | 工具名 | 说明 |
| --- | --- | --- |
| 1 | 表2-1　"落地一页纸" | 组织或个人都适用的通用计划和执行工具，帮助梳理从愿望到行动的最重要的元素，化虚为实 |
| 2 | 表4-2　公司3~5年战略规划OGSM模板 | 用于制定公司3~5年的战略框架 |
| 3 | 表4-5　××公司或××部门年度规划一页纸模板 | 用于组织（包括公司、部门、团队）的年度规划的框架思考和计划列举 |
| 4 | 表4-6　公司记分卡的格式及示例 | 列举管理团队最应重视的公司级财务指标和业务指标，并定期跟踪阶段性进展，帮助监控公司运作的健康度 |
| 5 | 表4-8　分渠道目标规划模板 | 用于设立团队分渠道、平台、子团队的销售目标 |
| 6 | 表4-9　产品系列目标规划模板 | 用于设立团队分产品系列、产品线、产品规格的销售目标 |
| 7 | 表4-10　费用预算统一模板和示例 | 用于费用预算分科目、分细度的计划 |
| 8 | 表5-4　问题点和机会点分析表 | 帮助团队运用结构性思维框架做业务复盘，分析其问题点和机会点，可用来深度分析和输出未来的策略重点 |
| 9 | 表5-6　增长抓手量化及可行性分析模板 | 对增长抓手（即生意贡献点）进行量化计算和可行性分析，帮助科学判断是否该采取相应的行动 |
| 10 | 表5-7　检验抓手充足性案例 | 对业务抓手做量化计算并和目标核对差距，帮助了解是否有充足的计划来达成目标，也有助于上下级讨论共识计划 |
| 11 | 表6-3　品牌、渠道、营销大事件年历模板 | 同时展示跨部门的重要事项和时间点，提供公司重要档期的全局观，拉通跨部门横向协同，高效利用资源 |
| 12 | 表7-1　个人目标计划一页纸模板 | 用于个人进行框架思考和计划列举 |
| 13 | 表7-8　各级团队及个人年度规划一页纸落地时间表 | 用于帮助全公司导入一页纸管理，列举包括公司、部门、子团队、员工个人的计划输出等的重要时间节点 |
| 14 | 表7-9　销售日报模板和示例 | 用于展示每日销售数据，方便及时了解销售进度，及时应对 |
| 15 | 表7-10　"双十二大促活动"项目进度表案例 | 用于监控项目的关键里程碑事项的进度 |

扫码下载